可持续土地管理制度框架与政策机制研究

王登举 何友均 王 鹏 谢和生 高 楠 王雅菲 编著

科学出版社

北 京

内 容 简 介

土地退化对人类生存安全造成严重威胁和影响，我国西部土地退化已经成为制约区域经济社会可持续发展的重要问题。本书是中国-全球环境基金干旱生态系统土地退化防治伙伴关系"中国西部适应气候变化的可持续土地管理项目"的重要成果。本书分析了国内外土地退化现状、防治理念演变和制度体系，梳理了中国土地退化防治体系，评估了西部地区土地退化防治制度与政策，探讨了国外土地退化防治模式和典型国家土地退化防治实践与经验借鉴，在此基础上提出了可持续土地管理内涵与指标体系，构建了可持续土地管理制度与政策框架，为西部乃至全国土地退化防治提供了新理念、新模式和相关决策依据与科学参考。

本书可供林草建设、生态保护、土地管理、资源经济、环境管理等领域的管理、科研和教学人员阅读，也可为相关专业大中专院校学生、技术人员和企业等利益相关者提供参考。

图书在版编目（CIP）数据

可持续土地管理制度框架与政策机制研究 / 王登举等编著. —北京：科学出版社，2020.1

ISBN 978-7-03-063581-5

Ⅰ. ①可… Ⅱ. ①王… Ⅲ. ①土地制度-研究-中国 ②土地政策-研究-中国 Ⅳ. ①F321.1

中国版本图书馆 CIP 数据核字（2019）第 273258 号

责任编辑：李轶冰 / 责任校对：樊雅琼
责任印制：吴兆东 / 封面设计：无极书装

科学出版社 出版
北京东黄城根北街 16 号
邮政编码：100717
http://www.sciencep.com

北京中石油彩色印刷有限责任公司 印刷
科学出版社发行 各地新华书店经销

*

2020 年 1 月第 一 版　开本：720×1000　1/16
2020 年 1 月第一次印刷　印张：7 3/4
字数：160 000

定价：98.00 元
（如有印装质量问题，我社负责调换）

前　言

  土地退化已成为全球最严重的生态环境与社会经济问题之一，对人类生存安全造成严重威胁和影响，备受世界各国政府的关注。中国是世界上荒漠化最严重的国家之一，第五次全国荒漠化和沙化土地监测结果显示，截至 2014 年全国荒漠化土地面积达 261.16 万 km^2，约占国土总面积的 27.20%；沙化土地面积为 172.12 万 km^2，约占国土总面积的 17.93%。其中，西部地区最为严重，荒漠化土地面积占全国荒漠化土地面积的 90% 以上。西部地区长期处于生态环境脆弱与贫困交织的状态，土地退化已经成为制约中国西部地区经济社会可持续发展和人民生活水平提高的重要因素。

  为积极探索治理退化土地的有效途径，适应土地退化防治的新需求，全球环境基金（Global Environment Fund，GEF）与中国政府建立了干旱生态系统土地退化防治伙伴关系，目前已实施三期项目。本书作为支撑中国-全球环境基金干旱生态系统土地退化防治伙伴关系"中国西部适应气候变化的可持续土地管理项目"的重要内容，旨在从制度与政策视角分析我国西部地区土地退化防治体系存在的主要问题和根源，提出可持续土地管理的制度框架，并进行政策体系设计。

  可持续土地管理（sustainable land management，SLM）是指遵循社会、经济和生态环境相结合原则，将政策、技术和各种活动结合起来，以同时达到提高土地生产力、减少生产风险、保护自然资源和防止土地退化、经济上有活力又能被社会所接受的土地管理方式。它要求决策者在制定并实施相应决策时能有效平衡各方利益，需要中央与地方之间、部门与部门之间的密切合作，法律制度与政策机制在这其中至关重要。可以说，可持续土地管理制度与政策机制是决定可持续土地管理能否顺利实施的关键因素。

  本书在综合分析中国有关制度与政策研究的基础上，通过实地调研，与地方政府的管理人员、技术人员、农户、企业等多利益相关方进行座谈、交流，对国家、西部现有土地退化防治政策开展了评估分析，将可持续土地管理理念的各项原则、要求与中国基本国情和西部地区实际情况相结合，提出符合中国国情的可持续土地管理制度框架与政策机制，为西部乃至全国土地退化防治提供决策依据和科学参考。

作　者
2019 年 10 月

目 录

前言
第一章　导论 ··· 1
　第一节　国内外土地退化现状与原因 ·· 1
　　一、国外的土地退化 ··· 1
　　二、中国的土地退化 ··· 2
　　三、土地退化的主要原因 ··· 4
　第二节　土地退化防治理念演变 ·· 5
　　一、传统的土地退化防治理念 ··· 5
　　二、综合生态系统管理理念 ·· 6
　　三、可持续土地管理理念 ··· 7
　　四、可持续景观管理理念 ··· 8
　　五、山水林田湖草系统治理理念 ·· 8
　第三节　土地退化防治的制度体系 ··· 9
　　一、国际公约 ··· 9
　　二、国内制度 ·· 10
第二章　中国土地退化防治体系 ··· 13
　第一节　中国土地退化防治制度与政策机制变迁 ······························· 13
　　一、形成阶段（1949～1977 年） ·· 13
　　二、完善阶段（1978～1997 年） ·· 14
　　三、深化阶段（1998～2011 年） ·· 17
　　四、生态文明新阶段（2012 年至今） ·· 18
　第二节　中国土地退化防治制度与政策行动 ······································ 21
　　一、土地退化防治制度 ·· 21
　　二、土地退化防治政策 ·· 23
　第三节　中国土地退化防治制度政策的实践成效 ······························· 27
　　一、大工程带动大治理模式效果显著 ·· 27
　　二、多部门联动和全民参与水平不断提升 ···································· 27
　　三、土地退化防治技术模式不断创新 ·· 28

第三章 西部地区土地退化防治政策与实践……30
第一节 制度与政策的总体走向……30
一、1978年以前的制度与政策……30
二、1978~1999年的制度与政策……31
三、2000~2011年的制度与政策……32
四、2012年至今的制度与政策……32
第二节 土地退化防治实践……39
一、西部地区土地退化防治总体概况……39
二、各省（自治区）的土地退化防治实践……41
第三节 土地退化防治的主要经验……45
一、综合运用制度与政策手段推进可持续土地管理……45
二、建立土地退化防治责任制和协调机制……45
三、纳入经济社会发展规划，建立综合决策机制……46
四、将多元化参与机制引入土地退化防治工作……46
五、创新可持续土地管理理念……46

第四章 西部土地退化防治制度与政策分析……47
第一节 研究方法……47
一、文献研究法……47
二、农村快速评估法……48
三、利益相关者访谈法……48
第二节 西部土地退化防治制度与政策存在的问题……49
一、缺乏统一、协调，未建立长效治理机制……49
二、部分制度与政策缺乏充足的科学依据……50
三、生态补偿政策不到位、缺乏实施架构……50
四、财政政策不完善、未建立长期而稳定的资金渠道……51
五、区域制度与政策缺乏差异性……52
六、社会包容与扶贫多元化考虑不足……53
七、制度与政策的后续评估监督机制还需健全……53
八、重要性认识不到位，配合执行不力……54
九、社会主体参与不够……54
第三节 制度与政策机制产生问题的根源分析……54
一、概念上的根源：土地退化释义不同……54
二、发展上的根源：社会发展和土地变化的阶段性……55
三、体制上的根源：职能的横向配置不合理……56

目 录

　　四、机制上的根源：监督考核与奖励机制不健全 ……………… 56
　　五、思想上的根源：处理经济发展与土地退化防治关系指导思想上的偏差 …………………………………………………………… 57

第五章　国外土地退化防治实践 ………………………………………… 58
第一节　不同类型土地退化防治模式 ……………………………… 58
　　一、政府主导模式 ……………………………………………… 58
　　二、科技主导模式 ……………………………………………… 59
　　三、工程主导模式 ……………………………………………… 59
　　四、专项法律模式 ……………………………………………… 60
　　五、保护性耕作模式 …………………………………………… 61
　　六、沙产业模式 ………………………………………………… 62
　　七、流域管理模式 ……………………………………………… 62
　　八、伙伴关系模式 ……………………………………………… 63
　　九、国际合作模式 ……………………………………………… 63
第二节　典型国家土地退化防治 …………………………………… 64
　　一、美国 ………………………………………………………… 64
　　二、加拿大 ……………………………………………………… 66
　　三、澳大利亚 …………………………………………………… 68
　　四、以色列 ……………………………………………………… 69
　　五、尼日利亚 …………………………………………………… 70
第三节　经验借鉴 …………………………………………………… 71

第六章　可持续土地管理内涵与指标体系 ……………………………… 73
第一节　可持续土地管理概念国内外综述 ………………………… 74
第二节　可持续土地管理内涵解析 ………………………………… 77
　　一、可持续土地管理的核心思想 ……………………………… 77
　　二、可持续土地管理的目标 …………………………………… 77
　　三、可持续土地管理的时空布局 ……………………………… 78
　　四、可持续土地管理的生产和服务能力曲线及其弹性 ……… 79
　　五、可持续土地管理实施尺度 ………………………………… 82
　　六、可持续土地管理实施途径及其技术与方法 ……………… 83
　　七、与综合生态系统管理的比较 ……………………………… 84
第三节　可持续土地管理指标体系构建 …………………………… 87
　　一、可持续土地管理评价研究回顾 …………………………… 87
　　二、基于土地退化防治的可持续土地管理评价指标体系构建 …… 88

  三、可持续土地管理评价指标体系分析方法 ………………………… 92
 第四节　结论与政策含义 …………………………………………………… 95
  一、结论 …………………………………………………………………… 95
  二、政策含义 ……………………………………………………………… 96

第七章　可持续土地管理制度与政策机制构建 …………………………… 97
 第一节　总体思路 …………………………………………………………… 97
 第二节　基本原则 …………………………………………………………… 98
  一、多方参与的原则 ……………………………………………………… 98
  二、长期与短期目标相结合的原则 ……………………………………… 98
  三、突出系统性和协同性的原则 ………………………………………… 98
  四、以法制为保障的原则 ………………………………………………… 98
  五、强调职能清晰和权责统一的原则 …………………………………… 99
  六、突出山水林田湖草是一个生命共同体的原则 ……………………… 99
 第三节　可持续土地管理制度框架 ………………………………………… 99
  一、以"自然资源法"为统领的法律体系 ……………………………… 99
  二、以"多规合一"为导向的土地退化防治规划体系 ……………… 100
  三、以多元共治为特征的可持续土地管理体系 ……………………… 101
  四、以过程严管为要求的监督体系 …………………………………… 102
 第四节　可持续土地管理政策体系 ………………………………………… 103
  一、建立差异化多元化生态补偿政策 ………………………………… 103
  二、建立稳定民心的普惠性土地政策 ………………………………… 104
  三、建立保持投入稳定增长的财政政策 ……………………………… 104
  四、积极引入社会资本的融资税收政策 ……………………………… 105
  五、建立协同高效的工程管理政策 …………………………………… 106
  六、建立聚焦薄弱治理环节的科技政策 ……………………………… 106
  七、建立规范化民主化的公众参与政策 ……………………………… 107

参考文献 …………………………………………………………………………… 109

第一章 导　　论

土地是人类生存发展的基础。土地退化问题直接关系到国家生态安全、经济安全、粮食安全和社会稳定。引入可持续土地管理理念和方法，构建完善的制度框架与政策机制，是实现可持续土地管理的必然要求。

第一节　国内外土地退化现状与原因

土地退化是一种普遍的系统现象，这一现象以多种形式发生在地球陆地的所有地区。目前，国内外土地退化形势严峻，需要对其成因加以分析，有的放矢地进行综合治理。

一、国外的土地退化

（一）土地退化的现状与危害

联合国环境规划署（United Nations Environment Programme，UNEP）公布的数据显示，过度的人类活动以及气候变化导致占全球41%的干旱土地进一步退化，全球荒漠化面积逐渐扩大。全球有110多个国家和地区的10亿多人口正受到土地荒漠化的影响。农田和牧场的快速扩张及不可持续的土地管理，造成生物多样性和生态系统服务的重大损失，主要涉及粮食安全、水净化、能源供应和其他自然界对人类至关重要的贡献。全球每年因土地荒漠化造成的经济损失超过420亿美元。2018年，联合国生物多样性和生态系统服务政府间科学政策平台（Intergovernmental Science-Policy Platform on Biodiversity and Ecosystem Services，IPBES）在其第六届成员国大会上发布了全球首份土地退化及恢复评估报告，报告显示，土地退化有多种表现形式，包括土壤质量下降、土地荒废、野生物种数量下降等。报告中指出，在世界上许多地方，土地正在快速退化，退化程度甚至已经达到了"危险"的界限。随着气候变化的进行，土地退化将导致全球粮食产量下降。到2050年，全球粮食产量将下降10%，在土地退化和气候变化比较严重的地区，农作物减产情况可能更加严重，甚至可能会减半。土地退化的危险不只是影响粮食产量，也在造成地球生物多样性的损耗，人类将在食品安全、水净化、能源供应等多个方面面临重大危机。

（二）典型国家土地退化防治进展

长久以来，世界各国高度重视土地退化的防治工作。其中美国和德国属于政府主导型，主要通过政府投资工程项目，借助法律法规和政策措施进行综合治理。1930 年开始，美国逐步制定了遏制荒漠化蔓延的相关政策措施，如制定法规限制土地退化地区的载畜量，逐步推行节水灌溉技术，严格禁止乱开矿山、滥伐森林等。在美国，年降水量 333mm 以下的天然草地在由过牧退化改为适度放牧后碳储量的增幅可达 0.1～0.3MgC/（hm^2·a）。载畜率是影响草地退化的关键因子，实行不同的载畜率可改变植物种类组成，进而影响生物量和土壤碳储量。德国号召回归自然，1965 年开始大规模兴建海岸防风固沙林等林业生态工程，造林款由国家补贴，免征林业产品税，国有林经营费用的 40%～60%由政府拨款。

印度和以色列利用科技创新，结合本国国情，探索新思路，在治理荒漠化方面也取得了明显成效。目前，印度已利用卫星遥感技术基本摸清了土壤侵蚀过程及侵蚀程度，编制了荒漠化发生发展系列图，开发了一系列固定流沙的技术，如建立防风固沙林带、建立起绿色屏障，以减缓风速，减低风力，抵御风沙。印度西部干旱严重地区已治理和固定流沙地 10 万 hm^2，达到了可持续土地利用与环境保护的双重目的。以色列采用高技术、高投入战略，在占国土面积四分之三的荒漠化地区创造出了高产出、高效益的辉煌成就。通过合理开发利用有限的水土资源，以色列做到最大限度提高荒漠地区的产出，科技人员大力研究开发适合本地种植的植物资源，目前，以色列的农产品和植物开发研究技术处于国际领先水平，从而保证了农牧林产品的优质化、多样化，在欧洲占据很大市场份额，取得了高额回报，并且使荒漠化的治理和开发得到了有机结合，迈入了良性循环的发展轨道。

二、中国的土地退化

（一）土地退化的现状与危害

中国是世界上土地退化最为严重的国家之一。随着气候变化，连续干旱与洪水风暴等极端气候事件频发，中国土地退化导致生态系统更为脆弱，危害严重。我国国土面积的 45%以上，多达 430 万 km^2 的土地发生着不同程度的退化。第五次全国荒漠化和沙化土地监测结果显示，截至 2014 年，全国荒漠化土地面积为

261.16 万 km², 约占国土总面积的 27.20%; 沙化土地面积为 172.12 万 km², 约占国土总面积的 17.93%。在荒漠化土地中, 风蚀荒漠化土地面积为 182.63 万 km², 占荒漠化土地总面积的 69.93%; 水蚀荒漠化土地面积为 25.01 万 km², 占 9.58%; 盐渍化土地面积 17.19 万 km², 占 6.58%; 冻融荒漠化土地面积 36.33 万 km², 占 13.91%。土地退化直接加速土地生产能力下降, 引起粮食不安全恐慌, 导致在我国西部土地退化严重地区人口迁移现象严重。同时, 不合理的人为干扰, 尤其是对土地无序开发、过度利用和过量施用化肥农药等不可持续的生产方式, 进一步造成森林退化、水土流失、土地荒漠化、盐渍化、石漠化等严重后果, 以及物种和遗传方面的生境变化而造成的生物多样性遗失。

（二）土地退化的分布与类型

中国的土地退化主要分布在西北部的干旱地区。该区域的新疆、内蒙古、西藏、甘肃和青海 5 省（自治区）的荒漠化土地面积占全国荒漠化土地总面积的 95.64%, 沙化土地面积占全国沙化土地总面积的 93.30%。中国干旱地区的土地退化包括风蚀和水蚀引起的水土流失、土壤养分流失、盐渍化、河流泥沙沉积、石漠化、土壤盐渍化、冻融荒漠化、森林与草地退化以及生物多样性损失等。

（三）土地退化防治进展

中国政府高度重视土地退化防治工作。早在 20 世纪 70 年代末, 就开始实施三北防护林体系建设工程（简称三北防护林工程）, 90 年代以来, 又先后启动了退耕还林还草、京津风沙源治理、荒漠化治理、石漠化治理、保护性耕作、旱作节水农业和小流域综合治理等国家重点生态工程; 颁布实施了《中华人民共和国防沙治沙法》, 制定了《全国防沙治沙规划（2005—2010 年）》《全国防沙治沙规划（2011—2020 年）》, 实行了生态公益林补偿机制和草原保护补贴政策, 土地退化防治的力度不断加大, 并取得了较为显著的治理成效。自 2001 年以来, 年均治理沙化土地面积达 192 万 hm², 目前中国已有 20% 的沙化土地得到不同程度治理。中国土地荒漠化面积由 1999 年的 267.4 万 km² 减至 2014 年的 261.16 万 km², 缩小了 6.24 万 km²。除了荒漠化面积缩小外, 荒漠化土地治理的成绩还表现为荒漠化程度的下降。1999~2014 年, 轻度荒漠化土地面积由 54.04 万 km² 增至 74.93 万 km², 增加了 20.89 万 km²; 中度荒漠化土地面积由 86.80 万 km² 增至 92.55 万 km², 增加了 5.75 万 km²; 重度荒漠化土地面积由 56.51 万 km² 减至 40.21 万 km², 减少了 16.30 万 km², 极重度荒漠化土地面积由 70.06 万 km² 减至 53.47 万 km², 减少了 20.59 万 km²。

三、土地退化的主要原因

土地退化的主要原因包括自然因素和人为因素两个方面。其中，人为因素中法律政策和管理制度的不完善是导致不合理土地开发利用行为的重要原因。因此，只有认真分析土地退化的根本原因，才能使治理有的放矢、对症下药。

（一）自然因素

土地退化的自然原因大多与气候及其变化有关，主要包括干旱少雨、大风频发、低温等气候因素。

1）干旱少雨。土地退化严重的地区多具有降水稀少及干旱的特点，干旱还包括干热风、高温热浪等气候灾害，有的地方年降水量甚至不足 50mm，因而植被稀疏。久晴无雨或少雨、土壤缺水、空气干燥导致农作物枯死、人畜饮水不足，且灾害影响面积大。综上，干旱少雨是导致土地退化，植物无法生长的原因之一。

2）大风频发。全球气候变化加剧以来，带来温度上升和大风等极端天气频发。退化土地蓄水能力差，极端天气又加速了其水分的丧失。我国北方地区冬春两季风速较大，很容易达到起沙风速。这一时期正好又是大多数植被覆盖度最低的时期，土地的防风固沙能力处于低水平，大风卷起的沙物质很容易松散地覆盖在土地表面，丰富的沙物质为荒漠化发生和发展提供了物质基础。

3）低温。平均温度在 0℃以下，存在-40～-30℃的极端低温天气的地区，草地植物和其他不耐极寒的植物生长都受到极大的限制。草原生态环境的脆弱性导致其适应气候变化的能力很差，常年低温或偶尔的极端低温天气更是加剧了草原地力的下降，甚至是草原植被的退化。

（二）人为因素

土地退化的主要人为因素是人类对土地的利用及管理不符合土地可持续利用的要求，如过度开垦、过度放牧、不适宜的基础设施建设、樵采等行为都会造成土地退化。

1）过度开垦。随着全球人口急剧增加，粮食成为经济发展的基础，于是大量土地被开垦用于农业生产，内陆地区的围湖造田甚至造成湿地资源的严重破坏。这些开垦行为破坏了原生植被和生态环境。而过度开垦导致的农地的退化更是加快了土地退化的速度。

2）过度放牧。过度放牧使草场的生产能力下降，畜牧业生产能力也随之降低。过度放牧超过草地资源的承载力，不仅不能给消费者提供质量合格、数量充足的

第一章 导　　论

畜牧产品，还成为草地退化、土地沙化的主要人为因素之一。

3）不适宜的基础设施建设。交通、水利、供气、供电等基础设施的建设直接破坏了表层土壤和植被，所堆砌的废物还加大了发生滑坡、泥石流等地质灾害的可能性。这些基础设施建设活动直接影响到土地适应气候变化的能力。

4）樵采。樵采也是造成土地退化的人为因素之一，由于生活燃料缺乏，运输困难等各种因素，贫困地区的广大农牧民会把樵采作为主要的生活燃料来源方式。20世纪90年代中期，我国西部地区利用植被作为燃料的比例约占当地燃料消耗量的14%。在生态系统特别脆弱的西北干旱地区，每年有350万～700万t沙漠植被被用作燃料，生态系统遭到严重破坏。

5）法律政策和管理因素。在国家立法中，资源与环境立法存在立法重叠的问题。在防治石漠化问题上，《中华人民共和国环境保护法》和其他很多单行自然资源法（如《中华人民共和国森林法》《中华人民共和国水法》《中华人民共和国土地管理法》《中华人民共和国草原法》等）之间存在机构设置、职能定义重叠的问题。每部法律都为某一个特定的行政部门设定主管权限，以便让这些经授权的行政主管部门都能依法制定行政规章和条例，以开展具体管理活动。这导致不同行政主管部门制定的行政规章和条例在目标、责任和优先领域等方面是重复的，甚至是冲突的。在这种分部门的行政管理体系中，缺乏统一协调机制来平衡部门间的决策和管理。环境与资源问题是多元因素复合而成的问题，资源与环境立法体系中没有一个协调多元行政的机制是个重大的现实难题。

第二节　土地退化防治理念演变

土地退化防治工作并非单纯的土地问题，而是涉及社区发展、土地利用、消除贫困、生物多样性保护等农业、林业、国土和环境等多部门、跨领域和跨管理层的问题。因此，在国内外土地退化防治实践中，防治的理论、思路也在不断创新，逐步从单一防治走向了综合防治的道路。

一、传统的土地退化防治理念

长期以来，土地退化的传统治理方式是植树造林与封山育林。植树造林可提高植被覆盖率，使水土得到保持，避免雨季大量泥沙流入河里、毁坏田地、填高河床、淤积阻塞入海口等危害。植树造林是抑制水土流失最简单直观的方式，据统计，1亩[①]树林比同面积无林地区多蓄水20t左右。植树造林对治理沙化耕地，

---

① 1亩≈666.67m²。

控制水土流失，防风固沙，增加土壤蓄水能力都有很好的作用，可以大大改善生态环境，减轻洪涝灾害的损失，风速在防护林中要减弱 70%~80%。而且随着经济林陆续进入成熟期，产生的直接经济效益和间接经济效益巨大，还能提供大量的劳动和就业机会，促进当地经济的可持续发展。

封山育林是利用森林的更新能力，在自然条件适宜的山区，实行定期封山，禁止垦荒、放牧、砍柴等人为的破坏活动，以恢复森林植被的一种育林方式，具有成本低、绿化速度快、利用期早、收效快、有利于保护物种资源、可以减少森林病虫害的特点。根据实际情况可分为"全封"（较长时间内禁止一切人为活动）、"半封"（季节性地开山）和"轮封"（定期分片轮封轮开）。封山育林是一种投资少、见效快的育林方式，要求当地乡政府和村民委员会组织农民对计划封育的地方进行规划，分区划片，制定管理办法（崔宗培，2006）。

植树造林与封山育林的传统土地退化防治方式不存在足够的理论基础，现在看来，只是水土保持、防风固沙的一个重要环节。从土地退化形成的多种原因分析，植树造林与封山育林并没有从根源上解决问题，仍缺乏针对土地退化产生原因的解决策略，治标不治本，如贫困地区的樵采，农牧民生态意识的落后等问题。

二、综合生态系统管理理念

近年来，综合生态系统管理（integrated ecosystem management，IEM）等一系列新理念在全球土地退化防治领域得到广泛的应用和实践，为指导和践行土地退化防治做出了积极贡献。综合生态系统管理是管理自然资源和自然环境的一种综合管理战略和方法，它要求综合对待生态系统的各组成成分，综合考虑社会、经济、自然（包括环境、资源和生物等）的需要和价值，综合采用多学科的知识和方法，综合运用行政的、市场的和社会的调整机制，来解决资源利用、生态保护和生态退化的问题，以达到创造和实现经济的、社会的和环境的多元惠益，实现人与自然的和谐共处。综合生态系统管理理念主要体现出以下几个特点。

1）综合性。运用现代科学理论，综合考虑生态、社会、经济、法律和政策等诸多因素，从整体上发挥生态系统功能和生产力，系统分析生态系统内部和外部因素及其相互关系，寻求一种综合效益最佳的发展模式，推进生态系统健康发展。

2）系统性。建立跨部门、跨区域、多主体参与的系统管理，而不局限于单一的土地类型、保护区域、政治或行政单位，涵盖所有的利益相关者，将自然、经济和社会因素有效整合到景观或区域生态系统管理目标中。

3）持续性。避免短期行为，遵循长短结合的方针，从更大空间和更长时间尺度上，综合权衡各种生态系统的功能、优势资源和生产能力，有效实现生态系统多种产品和服务的可持续利用。

4）科学性。尊重自然规律，在生态系统功能承载的阈值内进行管理，各项措施力求科学和谨慎，保持其自然功能修复潜力与生产潜力。在对一些陷入受威胁状态的物种实施保护和恢复时，应采取适当的科学调控措施，防止因种群过量增长对整个生态系统带来的不利影响。

5）人文性。把人类纳入生态系统的管理范畴，强调人与生态系统相互作用与适应的动态耦合关系，承认并允许人类在生态系统允许承载的限度内，最大限度地发挥其服务与生产能力，实现人与自然的和谐共存与协调发展。

6）灵活性。管理计划充分考虑不同地区自然、经济、社会条件，以及生态系统本身和响应气候变化等自然与人为干扰产生的区域差异性、复杂性和动态变化调整，把生态系统的适应性管理做到因时因地制宜。

三、可持续土地管理理念

可持续土地管理是遵循社会经济和生态环境相结合的原则，将政策、技术和各种活动结合起来，以同时达到提高产出、减少生产风险、保护自然资源和防止土地退化的目的，采取经济上有活力又能被社会所接受的土地管理方式，最终目的是提高土地生态系统服务功能，满足人口持续增长所需的生活资料、生产资料和生存环境。可持续土地管理理念认为土地退化防治是一项涉及生态、环境、经济、社会的综合性、复杂性工程，必须与气候变化和生物多样性保育相结合，与发展绿色产业、增强经济活力、改善生计和消除贫困相结合，建立可持续土地管理创新点，支持与生态农业、节水农业、生态旅游等相关的区域绿色发展，为气候变化背景下的土地退化防治提供了新途径。可持续土地管理理念主张土地退化防治要与气候变化和生物多样性保护相结合，由于土地退化、气候变化和生物多样性相互交织影响，在土地退化防治过程中必须站在更加广域的视野，通过可持续管理方式将生物多样性保护和气候变化融入其中，实现共同惠益。

我国西部六省（自治区）[①]在防治土地退化过程中，充分运用了可持续土地管理等发展理念，克服了过去单纯从某个地域的一个或几个生态系统考量土地资源管理的局限，提高了土地资源利用的效率和潜力，降低了不合理的土地利用方式对生态环境的载荷，实现了可持续发展理念在土地资源管理领域的互补与提升。此外，土地退化防治涉及多个政府部门，既需要高度的科学技术手段，也需要完善的管理制度、体制、机制政策手段，西部六省（自治区）将可持续土地管理理

---

① 西部六省（自治区）是指内蒙古、陕西、甘肃、青海、四川和贵州。

念引入土地退化防治领域，能在满足不同利益群体需求的前提下，实现多目标土地资源的可持续利用，具有较强的推广作用。

四、可持续景观管理理念

随着全球气候变化对自然系统影响加深、人口增长对自然资源压力加大、社会发展对绿色空间需求增加，过去着眼于单一土地资源的管理方式难以适应土地退化防治的新需求。因此，现在提出一个新的理念，即在土地退化防治中引入可持续景观管理的理念（sustainable landscape management，SLSM）。在可持续景观管理中统筹兼顾生物多样性的价值、碳固存和土地退化防治，提高生态系统服务，增强减缓和适应气候变化的能力。同时，评估减缓和适应气候变化可能对生物多样性、防治土地退化和水资源管理工作产生的不利影响。该理念旨在从土地整体景观要素而不是某个具体、局部的土地利用类型出发，借助多学科知识，协调部门内部、多个部门之间的各种关系，在多尺度上规划土地景观系统各要素，高效配置土地资源、水资源与生物资源，优化经济、社会和环境目标，找出利益冲突和目标权衡的解决方案，使得土地利用者的权益、生态系统服务的惠益者和未来对土地资源、景观系统的多目标需求得到持续保障。

从综合生态系统管理到可持续土地管理，再到可持续景观管理，将这三种理念有机结合、融会贯通，不仅可以克服过去单纯从某个地域的一个或几个生态系统考量土地资源管理的局限，实现土地结构和利用方式的优化配置，提高土地资源利用的效率和潜力，降低不合理的土地利用方式对生态环境的载荷，而且可以实现可持续发展理念在土地资源管理领域的互补与提升，在满足不同利益群体需求的前提下，实现多目标土地资源的可持续利用，将可持续土地管理和可持续景观管理引入土地退化防治领域，使之成为全球变化背景下土地退化防治的一个新理念。

五、山水林田湖草系统治理理念

习近平总书记在党的十八届三中全会上《关于〈中共中央关于全面深化改革若干重大问题的决定〉的说明》中，首次提出了"山水林田湖是一个生命共同体"的科学论断，从更大尺度、更广视角为我国生态系统治理提供了新思想、新方法。2015年9月，中共中央、国务院颁布《生态文明体制改革总体方案》，把"山水林田湖草是一个生命共同体"作为六大生态文明理念之一。党的十八届五中全会进一步提出"实施山水林田湖生态保护和修复工程"的重大举措，并纳入了"十三五"规划。党的十九大报告将"统筹山水林田湖草系统治理"写入新时代中国特色社会主义基本方略，将"山水林田湖"扩充为"山水林田湖草"，使这一生命共同体的内容更加完整，要素更加全面，治理更加综合。

实行山水林田湖草系统治理是对自然生态系统内在规律的精辟概况，深刻揭示了整体与部分、系统与要素之间的辩证关系。因为在自然界，任何生物群落都不是孤立存在的，它们总是通过能量和物质的交换与其生存的环境相互联系、相互作用，共同形成一种统一的、动态平衡的有机整体，这个有机整体就是生态系统。山水林田湖草是生态系统中相对独立但又有机联系的子系统，把山水林田湖草作为一个生命共同体进行综合治理，实质上就是要统筹自然生态系统的各种要素，充分考虑各个组成部分及其相互关系。而坚持保护优先、自然恢复为主的方针，保持自然生态系统的原真性、完整性、平衡性和稳定性，则充分体现了生态学、景观生态学、生态系统服务及其权衡协同理论的原理和要求。

山水林田湖草系统治理的理论体系具有高度的系统论思维。系统论强调，整体大于部分之和，任何系统都是一个有机整体，而不是各个部分的机械组合或简单相加。如果种树的只管种树、治水的只管治水、护田的只管护田，很容易顾此失彼，最终造成生态的系统性破坏。系统治理的理念，反映了自然界中流域地貌单元内森林、草地、湿地、河流、农田之间在空间上依附、生态上关联的客观规律，为山水林田湖草系统治理提供了科学的方法论。

第三节　土地退化防治的制度体系

一、国际公约

地球资源是人类赖以生存和发展的基础，一系列国际生态公约的产生，主要目的在于指导世界各国共同实施可持续发展的战略安排和限制急功近利的短期行为，以维护子孙后代的利益。

1959～1962年联合国教育、科学及文化组织（United Nations Educational Scientific and Cultural Organization，UNESCO）负责组织的"干旱地区研究计划"为干旱地区提供必要的信息咨询服务。在此之后，《关于特别是作为水禽栖息地的国际重要湿地公约》（简称《湿地公约》）（1971年）、《保护世界文化和自然遗产公约》（1972年）、《濒危野生动植物物种国际贸易公约》（1973年）等国际环境资源公约陆续诞生。

1977年，联合国防治荒漠化会议在肯尼亚首都内罗毕召开，提出了全球防治荒漠化行动纲领，为土地退化的防治奠定了理论基础。1996年12月，《联合国防治荒漠化公约》正式生效，为世界各国和各地区制定防治荒漠化纲要提供了依据。迄今为止，已有包括中国在内的 167 个国家签署了这一公约，这标志着国际社会已充分认识到防治荒漠化和缓解干旱灾害在实施可持续发展战略中的重要地位。

1992 年 5 月，《联合国气候变化框架公约》在纽约联合国总部通过。同年 6 月，在巴西里约热内卢召开的由世界各国政府首脑参加的联合国环境与发展会议（United Nations Conference on Environment and Development，UNCED）期间开放签署。1994 年 3 月 21 日，该公约生效。1997 年，《京都议定书》达成，使温室气体减排成为发达国家的法律义务。2009 年，在哥本哈根召开的缔约方会议第十五届会议诞生的《哥本哈根议定书》取代 2012 年到期的《京都议定书》。

1992 年《生物多样性公约》生效之后，1997 年 6 月，联合国大会第十九届特别会议第十一次全体会议通过的《进一步执行〈21 世纪议程〉方案》肯定了生态系统方法的作用和意义。联合国把防治荒漠化列为《21 世纪议程》的优先行动领域。保护人类自己的家园，加快防治土地退化已成为世界各国共同的使命，更成为国际科学研究的前沿领域。

2001 年为期 4 年的"千年生态系统评估"启动，其运用的就是土地退化防治的新理念——综合生态系统管理的方法进行研究和评估。

2015 年 9 月，联合国峰会上通过了《2030 年可持续发展议程》，该议程涵盖 17 个可持续发展目标，于 2016 年 1 月 1 日正式生效。这些新目标适用于所有国家，计划在 15 年的时间内，各国将共同致力于消除一切形式的贫穷、实现平等和应对气候变化，对可持续土地管理产生积极的影响。《2030 年可持续发展议程》确立到 2030 年实现全球土地退化零增长的重大目标。

2017 年 9 月，《联合国防治荒漠化公约》第十三次缔约方大会达成了《鄂尔多斯宣言》，重申了各国对有效实施《联合国防治荒漠化公约》的坚定承诺，加强了防治荒漠化、土地退化，修复和重建退化生态系统，肯定了 2018～2030 年战略框架的重要意义，鼓励各国采取行动，设定履约自愿目标，在 2030 年之前实现土地退化零增长。

二、国内制度

中国于 1994 年 10 月签署《联合国防治荒漠化公约》，标志着我国的荒漠化防治工作正式与国际接轨，同时建立由林业部门担任组长，19 个部（委、办、局）组成的中国防治荒漠化协调小组，从中央到地方，多层次、跨领域、齐抓共管的管理体制逐步形成。从第一个提交国家履约行动方案到成功举办《联合国防治荒漠化公约》第十三次缔约方大会，我国荒漠化防治工作由以外促进，达到国际领

第一章 导　论

先的新局面。2000年伊始，退耕还林还草工程、京津风沙源治理工程等国家重大生态工程先后启动，开启了新时期由国家重大生态工程带动荒漠化治理的新高度。2001年8月31日，在第九届全国人民代表大会常务委员会第二十三次会议上，通过了《中华人民共和国防沙治沙法》，这是我国乃至世界上第一部防沙治沙方面的专门法律，建立了防沙治沙的制度体系，界定了法律边界，奠定了依法治沙的基础。2005年9月，《国务院关于进一步加强防沙治沙工作的决定》正式出台。同年，国务院批复《全国防沙治沙规划（2005—2010年）》，明确了我国土地退化防治的长期目标和发展方向。2007年3月，国务院召开全国防沙治沙大会，明确全国防沙治沙"三步走"的思路。2013年3月，国务院批复了《全国防沙治沙规划（2011—2020年）》，明确了全国土地退化防治的基本布局、防治目标和任务。

党的十八大以来，生态文明建设已经被纳入"五位一体"总体布局的战略高度，土地退化防治工作作为生态文明建设中必不可少的部分，迎来了前所未有的挑战和机遇。2016年6月17日，在联合国《2030年可持续发展议程》制定后的第一个"世界防治荒漠化和干旱日"，我国发布了《"一带一路"防治荒漠化共同行动倡议》，启动实施"一带一路"防沙治沙工程。党的十九大报告提出了新时代生态文明建设的重要论述，防治荒漠化是践行"绿水青山就是金山银山"的必要前提，荒漠化防治工作迎来前所未有的契机，使其进一步快速稳定发展。

中国是《联合国气候变化框架公约》最早的10个缔约方之一，1994年3月21日，该公约正式生效。2007年，《联合国气候变化框架公约》第十三次缔约方会议暨《京都议定书》第三次缔约方会议举行，同年，中国也制定并公布了《中国应对气候变化国家方案》，成立国家应对气候变化领导小组，颁布一系列法律法规。2014年，《联合国气候变化框架公约》第20次缔约方会议上，中国政府承诺，2016~2020年将每年的二氧化碳排放量控制在100亿t以下，二氧化碳排放量将在2030年左右达到峰值，有推算认为最高将达到150亿t。2011年，中国出台的《中华人民共和国国民经济和社会发展第十二个五年（2011—2015年）规划纲要》，对积极应对气候变化，增强适应能力，制定适应气候变化战略提出明确要求。2013年，国家发展和改革委员会等多部门联合发布的《国家适应气候变化战略》，从战略层面对适应气候变化工作做出全面部署，明确了适应气候变化工作的重点领域和重点任务，并要求编制部门适应气候变化方案，抓好方案贯彻执行，2014年，国家发展和改革委员会出台的《国家应对气候变化规划（2014—2020年）》，专门单列一章，提出了七大领域适应气候变化的工作。2015年6月，中国发布了《强化应对气候变化行动——中国国家自主贡献》，确定了到2030年的自主行动目标：二氧化碳排放2030年左右达到峰值并争取尽早达峰；单位国内生产总值二氧化碳排放比2005年下降60%~65%，非化石能源占一次能源消费比例达到20%左右，森林蓄积量比2005

年增加 45 亿 m³ 左右。2015 年 12 月 12 日在巴黎气候变化大会上通过《巴黎协定》，并于 2016 年 4 月 22 日在纽约签署，中国全国人民代表大会常务委员会于 2016 年 9 月 3 日批准我国加入《巴黎协定》，该协定为 2020 年后全球应对气候变化行动做出安排。至此，我国已成为全球气候变化治理的重要参与者、贡献者、引领者。

1992 年 6 月联合国环境与发展会议通过了具有里程碑意义的《生物多样性公约》，至今已经 27 年。在此期间，中国 1993 年建立了履行《生物多样性公约》的国家协调机制，1995~1997 年实施了"中国生物多样性国情研究"，2007~2010 年编制了《中国生物多样性保护国家战略与行动计划》，2011 年建立了中国生物多样性保护国家委员会，并针对《生物多样性公约》的目标，实施了多项生物多样性研究和保护行动，包括森林、草原、荒漠、湿地、海洋等自然生态系统保护；物种资源调查、编目、数据库建设以及珍稀濒危物种保护；外来入侵种防治与转基因生物生态风险评估等。此外，中国还陆续颁布了一系列的旨在全方位保护生态环境和生物生存的法律法规、政策性文件，其中具有代表性的是《中华人民共和国环境保护法》《中华人民共和国进出境动植物检疫法》《中华人民共和国自然保护区条例》《中华人民共和国野生植物保护条例》《中华人民共和国植物新品种保护条例》，同时对现存的《中华人民共和国森林法》《中华人民共和国海洋环境保护法》《中华人民共和国渔业法》等进行了修订，使国内的保护生态多样性的法规体系趋于完善和规整。一些环境保护的组织机构也发布了国情咨文，如《中国生物多样性保护行动计划》《中国生物多样性国情研究报告》《全国生态脆弱区保护规划纲要》《中国自然保护区发展规划纲要（1996—2010 年）》《全国生态环境建设规划》《中国国家生物安全框架》等。相关职能部门还制定了林业生物多样性、农业生物多样性、海洋生物多样性、湿地生物多样性、生物种质资源、大熊猫迁地保护等专项保护行动计划，使一些主要部门的生物多样性保护纳入国家行动计划。

中国于 1992 年 3 月 1 日加入《湿地公约》，并于 2000 年 11 月 8 日正式发布《中国湿地保护行动计划》，于 2003 年 9 月通过了《全国湿地保护工程规划（2002—2030 年）》，2005 年 8 月批准《全国湿地保护工程实施规划（2005—2010 年）》并列入国家"十一五"规划，组织实施了重点林业生态工程。2007 年，国务院批复成立中国履行《湿地公约》国家委员会，研究制定国家履行《湿地公约》的有关重大方针、政策；协调解决与履约相关的重大问题。2006 年，国家投资 2 亿元加强全国湿地保护，2007 年，投资 3 亿元用于湿地保护。2012 年，《全国湿地保护工程"十二五"实施规划》出台。截至 2016 年底，我国已建立国家湿地公园 836 处、湿地自然保护区 600 多处，指定国际重要湿地 49 处，建立长江、黄河、沿海湿地保护网络，网络成员达 300 多处。全国湿地保护网络体系基本形成，湿地保护正从抢救性保护向全面保护转变。

第二章　中国土地退化防治体系

中国政府在土地退化防治方面进行了长期不懈的努力，实施重大生态建设工程的同时，制定并颁布了一系列政策法规，取得了显著成就。研究可持续土地管理制度与政策机制，有必要对中国现有的土地退化防治制度与政策加以分析。

第一节　中国土地退化防治制度与政策机制变迁

我国土地退化防治体系经历了一个从无到有，并不断趋于完善的过程。总体来看，呈阶段性特征，大致可分为1949~1977年（形成阶段）、1978~1997年（完善阶段）、1998~2011年（深化阶段）、2012年至今（生态文明新阶段）四个阶段。

一、形成阶段（1949~1977年）

从1949年中华人民共和国成立到改革开放以前，我国人口的快速增长对粮食生产提出了严峻挑战，提高土壤肥力、增加粮食产量是该阶段中国土地管理的重点。1961年1月，中共八届九中全会后，林业调整全面展开。20世纪60年代，党对林业政策的调整主要包括：①确定林权，如山林的所有权、经营管理权以及收益分配权，依法保护和发展林业生产。②调整林业生产政策，如鼓励在国有林区大力发展营林村、大力发展国有林场和社队林场、大力开发新林区；建设经济林、发展木材加工工业等；加强对木材流通和经营的管理等。③大力充实林业战线队伍，调整林业工作领导机构和培训机构，培养林业专业人才；发展林业机械化；抽调大量人员充实各木材生产单位的劳动力；扩大对林业的经济扶持等。海南史志网记载：1975年，海南有集体林场344个，其中公社办林场38人，队办林场306个，场员4848人；经营面积80万亩，有林面积27万亩[①]。著名的塞罕坝机械林场于1962年在河北建起，2017年被授予联合国环境规划署颁发的"地球卫士奖"。

同样在这一时期，"大跃进"运动推行片面的"以粮为纲"政策，在急于求

---

① 来自中共海南省党史研究室（海南省地方志办公室）主办的海南史志网，地方志书专栏中林业志第三章第二节　集体林场。http://www.hnszw.org.cn/data/news/2013/09/61396/〔2013-09-23〕。

成的思想和"向自然界开战"的错误口号激励下,全国范围内出现了毁林、弃牧、填湖开荒种粮的现象,生态环境遭到了严重的破坏,环境问题迅速凸显。据《贵州省志:林业志》记载:大炼钢铁、大办公共食堂、大办交通、大放砍伐"卫星"、大办水利和大搞工具改革,三年困难时期毁林种粮等,全省共毁森林蓄积2725万 m³。这次的林木大破坏,时间长,规模大,范围广,无论天然林或人工林,不论防护林或经济林,不论村前屋后、路旁、水旁的散生林木,还是风水林、寺庙林、风景林,都不同程度地遭到破坏。例如,毕节地区1953年森林覆盖率为15%,到1963年森林覆盖率下降到10.8%。针对出现的环境问题,20世纪60年代前期,中央政府采取了一些补救措施,以防治工业污染,制止乱砍滥伐,恢复林业经济的正常秩序。在恢复前期,实施污染防治举措的同时,大力推行"综合利用工业废物"方针,北京、天津、上海、黑龙江和新疆等少数省级行政单位以及鞍山、武汉、哈尔滨、南京等工业比较集中的城市成立了"三废"治理利用办公室等环保机构。"文化大革命"期间,各项环保措施基本废弛,地方"五小企业"再度兴起,片面的"以粮为纲"政策再度推行,林业发展遭遇第二次大挫折。这一时期,不利于环境保护甚至破坏环境的因素集中涌现,生态环境开始持续恶化。

该阶段土地退化的治理程度远不及破坏程度,但也产生了一些与土地退化防治相关的制度与政策:1957年颁布《中华人民共和国水土保持暂行纲要》;1958年中共中央、国务院发布《关于在全国大规模造林的指示》;1959年建立中国科学院治沙队,开始对中国沙漠和戈壁进行考察研究,标志着对沙漠系统综合研究的起步和我国沙漠科学的建立(王涛和赵哈林,2005)。此外,为提高粮食产量,中国于20世纪60年代开始生产使用有机氯农药,这一时期,化肥和农药被大量使用。进入20世纪70年代,受联合国粮食及农业组织(Food and Agriculture Organization of the United Nations,FAO)对土地退化问题关注的影响,中国开始关注土地退化问题,但重视程度与环境恶化的速度相比,远远不够。

总体而言,该阶段的土地退化防治制度与政策受国内经济建设与粮食需求影响,相关制度与政策制定都处于起步阶段,对生态环境破坏程度未引起足够重视,土地退化防治政策基本空白,很多政策都是在不同部门管理框架下稍微有所涉及,深度远远不够,缺乏操作性,部分制度流于法律条文。

二、完善阶段(1978~1997年)

在优先发展重工业、忽视环境因素制约、造成严重的生态环境破坏的大背景下,1978年11月,我国启动三北防护林工程。这是我国时间最早、规划期最长、投资最大的防护林工程,也是我国最早的退化土地和退化生态系统治理工程。三

第二章　中国土地退化防治体系

北防护林工程主要解决防沙治沙问题，是在我国植被最少、生态最为恶劣、建设条件最为艰苦、经济最欠发达的地区进行的生态建设工程。我国83%的荒漠化土地、85%的沙化土地都在三北地区。三北防护林工程实施期限为1978～2050年，目前正在实施五期工程（2011～2020年），被誉为"绿色长城"和世界防沙治沙的典范。

1981年，全民义务植树运动开展，党和国家领导人率先垂范、身体力行，各地、各部门、各系统积极行动，广大人民群众踊跃参与。多年来，全国以各类尽责形式参加义务植树人数逐年上升，绿化成果显著。

1986年，太行山绿化工程第一阶段启动，是在太行山石质山区营造水源涵养林、水土保持林，发展果木经济林，通过恢复和扩大森林植被，以提高山区的水土保持能力，并兼有较好的经济效益的绿色工程。工程建设范围包括山西、河北、河南、北京4省（直辖市）的110个县，总面积1200万hm²。工程建设总目标是：营造林356万hm²，防护林比例由1986年的23.8%增加到41.1%，经济林比例由13.6%提高到27.2%，基本控制本区的水土流失，使生态环境有明显的改善。建设期限为1986～2050年，分三个阶段完成：1986～2000年为第一阶段；2001～2010年为第二阶段，营造林178万hm²；2011～2050年为第三个阶段，营造林42万hm²。工程完成后，森林覆盖率可由15%增加到35%左右。

1988年，沿海防护林体系开始建设，建设的总体布局以海岸线为主线，以县级行政区为单元，以增加森林植被为中心，区别不同的海岸地貌类型，建立一个多林种、多树种、多功能的防护林体系。整个工程分三个类型区：①沙质海岸为主的丘陵区，包括6个自然区，103个县；②淤泥质海岸为主的平原区，包括5个自然区，62个县；③基岩海岸为主的山地丘陵区，包括2个自然区，30个县。按照沿海防护林体系建设工程总体规划，造林总任务为358万hm²，分两期实施，一期工程（1988～2000年）造林250万hm²，占工程总量的70%，二期工程[1]（2001～2010年）造林108万hm²，占工程总量的30%。任务完成后，沿海地区森林覆盖率可由24.9%增加到39.1%，水土流失量减少50%，生态环境明显改善，沿海地区的生态屏障将大大加强。

长江中上游防护林体系建设工程第一期工程实施时间为1988～2000年，在水土流失重点地区144个县（市）总面积为34万km²，造林1580万hm²，其中金沙江流域20个县，黔西乌江流域10个县，四川盆地嘉陵江流域60个县，秦巴山地汉水流域11个县，川鄂山地长江干流18个县，湘赣丘陵"两湖"水系25个县。

---

[1] 2005～2006年，国家林业局对二期工程规划进行了修编，将建设期限延长至2015年，进一步扩大了工程建设范围，丰富了工程建设内容。2007年12月经国务院批复，2008年1月，国家发展和改革委员会、国家林业局联合印发了《全国沿海防护林体系建设工程规划（2006—2015年）》（发改农经〔2008〕29号）。

工程完成后，规划所在地区的森林覆盖率由 19.9%增加到 41.7%，将基本控制长江流域中上游的水土流失。长江中上游防护林体系建设工程，规划造林总面积为 7245 万 hm²，以实现长江流域自然生态环境良性循环为目的，在中高山河源区重点营造水源涵养林，在水土流失剧烈的低山丘陵区以水保林和特种经济林为主，在盆地区以两旁植树为主。长江中上游防护林体系建设工程，对于整个长江流域的国土安危具有特别重要的意义。

平原绿化工程建设时间为 1988~2000 年，建设范围覆盖全国 26 个省 918 个平原、半平原和部分平原县（市、旗）。截至 1990 年，已有超过 700 个县达到全国平原绿化规划标准；到 1992 年底，有 3200 万 hm² 耕地实现了林网化（占平原耕地面积的 64%，占平原宜林网耕地面积的 82%），400 万 hm² 耕地实现了农林间作（占平宜间作面积的 69%），营造片林 1400 万 hm²；截至 2000 年，918 个县全部达到全国平原绿化规划标准，农田林网、农林间作和成片造林工程总规模达到 658 万 hm²，基本实现全国平原绿化。

此外，该阶段中国政府陆续颁布了《中华人民共和国森林法》《中华人民共和国草原法》《中华人民共和国土地管理法》《中华人民共和国水法》《中华人民共和国野生动物保护法》《中华人民共和国环境保护法》《开发建设晋陕蒙接壤地区水土保持规定》《中华人民共和国水土保持法》等一系列法律，奠定了中国土地退化防治体系的基础。

在农业领域，《土壤环境质量标准》（GB 15618—1995）[1]、《地面水环境质量标准》（GB 3838—83）[2]、《农田灌溉水质标准》（GB 5084—85）[3]、《保护农作物的大气污染物最高允许浓度》（GB 9137—88）[4]、《农用污泥中污染物控制标准》（GB 4284—84）[5]等政策标准也陆续出台。

总体而言，该阶段的土地退化防治制度与政策具有以下特点：一是综合运用立法和政策手段加强土地退化防治工作，但尚未形成独立的土地退化防治与土地管理制度。二是制度与政策的供给和实施均以中央政府为主，土地退化防治活动带有强烈的计划和行政管理色彩。三是制度与政策原则性强于操作性，缺少专门的执行法规，影响政策实施。四是大工程带动土地退化防治，政府主导，地方实

---

[1] 《土壤环境质量 农用地土壤污染风险管控标准（试行）》（GB 15618—2018）和《土壤环境质量 建设用地土壤污染风险管控标准（试行）》（GB 36600—2018）自 2018 年 8 月 1 日起实施，自以上标准实施之日起，《土壤环境质量标准》（GB 15618—1995）废止。
[2] 《地面水环境质量标准》（GB 3838—83）为首次发布，1988 年第一次修订为《地面水环境质量标准》（GB 3838—88），1999 年第二次修订为《地表水环境质量标准》（GHZB 1—1999），2002 年第三次修订为《地表水环境质量标准》（GB 3838—2002）。
[3] 1985 年首次发布（GB 5084—85），1992 年第一次修订（GB 5084—92），2005 年为第二次修订（GB 5084—2005）。
[4] 是《大气环境质量标准》（GB 3095—82）的补充。
[5] 已被《农用污泥污染物控制标准》（GB 4284—2018）代替。

施。老百姓同工同劳，几乎没有社会资本。五是绿化面积的扩张很快，灭荒行动初见成效，但整体绿化效果很差，质量很低，缺乏科学指导。

三、深化阶段（1998～2011年）

在国家财政并不富裕的情况下，该阶段中央克服困难，集中财力物力，实施了天然林资源保护、退耕还林还草、京津风沙源治理等一批国家重点生态工程，发起了一场前所未有的生态建设、生态安全、生态文明攻坚战和持久战，土地退化防治转向"源头治理"。

1998年，江泽民同志发出"建设山川秀美的西北地区"的伟大号召。同年，天然林资源保护工程开始试点，被誉为"天"字工程，主要解决我国大江大河和重点生态地区天然林资源保护、休养生息和恢复发展问题，是构建最优森林生态系统、维护国土生态安全、守住中华民族生命线的基础工程。该工程2000年正式启动，实施范围包括：长江上游、黄河上中游地区和东北、内蒙古等重点国有林区的17个省（自治区、直辖市）的734个县和167个森林工业局。工程实施后长江上游、黄河上中游地区实行天然林禁伐，东北、内蒙古等重点国有林区大幅度调减采伐量，百万伐木工人悲壮告别斧锯众多的"砍树人"，成了"种树人"和"护树人"。天然林资源得到休养生息，工程区生态环境明显改善。2011年，在天然林资源保护工程实施期满后，党中央、国务院决定再延长10年。天然林资源保护工程的实施标志着我国的土地退化防治体系进入了深化阶段，用大工程带动大发展，这是中国政府开展生态建设的重大创新。

1999年，退耕还林还草工程开始试点，被誉为民心工程、德政工程，主要解决重点地区的水土流失问题。2000年退耕还林还草工程正式启动，范围覆盖25个省（自治区、直辖市）及新疆生产建设兵团。该工程的实施实现了从毁林开荒向退耕还林还草的历史性转变，创造了涉及面最广、政策性最强、资金投入最多、群众参与度最高的历史纪录和世界纪录。2000～2010年，全国累计完成退耕还林还草和荒山造林任务0.3亿hm^2，相当于再造了一个东北、内蒙古国有林区。2010年，在工程实施期满后，党中央、国务院决定将退耕还林还草工程再延长一个周期。

2001年8月31日审议通过《中华人民共和国防沙治沙法》，我国土地退化防治工作步入法制化轨道。2002年，京津风沙源治理工程启动，与正在实施中的三北防护林工程的共同推动下，我国土地沙化治理实现了由"沙进人退"到"人进沙退"的历史性转变。

同时，全国野生动植物保护及自然保护区建设工程、湿地保护与恢复工程均如火如荼地拉开序幕，截至 2018 年上半年，全国国家级自然保护区已有 474 处。该阶段，国务院批复了国家林业局等 10 个部门编制的《全国湿地保护工程规划（2002—2030 年）》《全国湿地保护工程实施规划（2005—2010 年）》《全国湿地保护工程"十二五"实施规划》等。

2000 年以来，各放牧区纷纷推行禁牧、休牧、轮牧"新三牧"制度，改善日益恶劣的草原生态环境，以草定畜、休牧轮牧、舍饲圈养，农牧交错带禁牧政策开始广泛推行，这一制度对于改善草地资源、恢复草原生态有着积极推动作用。《休牧和禁牧技术规程》适用于中华人民共和国境内的所有放牧地和潜在放牧地，规定了适用地区、地块选择、休牧或禁牧时间，确定了休牧或禁牧起止期的植被指标、气候参数等。

该阶段在水资源领域，《大中型水利水电工程建设征地补偿和移民安置条例》《中华人民共和国水文条例》《中华人民共和国抗旱条例》《全国城市饮用水水源地环境保护规划（2008—2020 年）》陆续颁布实施。

总体而言，该阶段的土地退化防治制度与政策具有以下特点：一是将土地退化防治工作纳入经济社会发展规划，初步建立土地退化防治的综合决策机制。二是退化土地治理中"自发秩序"正式形成，多利益主体参与为内在制度的供给提供了原动力。三是工程大规模建设，资金投入大，具有明显的工程带动、政策拉动、科技推动、法制促动等特点。

四、生态文明新阶段（2012 年至今）

党的十八大以来，习近平总书记对生态建设高度重视，多次做出重要批示指示和讲话，对林业改革及发展提出了一系列新理念、新思想、新战略，将林业放在更加突出的位置，赋予了新的重大历史使命。这些重要批示指示和讲话是习近平总书记生态文明思想的集中体现。

习近平总书记提出"生态兴则文明兴，生态衰则文明衰""森林关乎国家生态安全""绿水青山就是金山银山""林业建设是事关经济社会可持续发展的根本性问题""良好的生态环境是最公平的公共产品，是最普惠的民生福祉""山水林田湖是一个生命共同体""全面深化改革，创新林业治理体系""提升森林质量，增强森林生态功能"等战略思想。为深入贯彻习近平总书记系列重大战略思想，2018 年 3 月，十三届全国人民代表大会一次会议表决通过了关于国务院机构改革方案的决定，国家林业局的职责、农业部的草原监督管理职责，以及国土资源部、住房和城乡建设部、水利部、农业部、国家海洋局等部门的自然保护区、风景名胜区、自然遗产、地质公园等管理职责整合，组建国家林业和草原局，由自然资源部管理。国家林业和草原局加挂国家公园管理局牌子。各地相继推行领导干部自然资源资产离任审计，给领导干部画上生态审计的红线，启用自然资源损害赔偿表，实施生态环境损害责任终身追究制度。

该阶段，各项林业工程稳步推进，林业部门提出，加快推进国土绿化行动、做优做强林业产业、全面提高森林质量、强化资源和生物多样性保护、全面深化林业改革、大力推进创新驱动、加强依法治林、发展生态公共服务、夯实林业基础保障、扩大林业开放合作十大任务，取得丰硕成果。

1) 林业生态工程稳步实施。天然林资源保护工程、退耕还林还草工程、京津风沙源治理工程、三北及长江流域等重点防护林体系工程成果显著。

2) 全民义务植树扎实推进。截至2017年，在全民义务植树的带动下，重点生态工程深入实施，社会造林广泛开展，全国森林面积由1.15亿 hm^2 增加到2.08亿 hm^2，森林覆盖率由12%提高到21.66%，森林蓄积量由102.6亿 m^3 增加到151.37亿 m^3，人工林面积由0.22亿 hm^2 扩大到0.69亿 hm^2。截至2016年底，全国城市建成区绿地面积达197.1万 hm^2，绿地率达36.4%；城市公园绿地面积达64.1万 hm^2，人均公园绿地面积达13.5m^2。

3) 大规模国土绿化行动开始推进。力争到2020年森林覆盖率达到23.04%、到2035年达到26%、到21世纪中叶达到世界平均水平。加快实施生态保护修复重大工程，扩大退耕还林、重点防护林、京津风沙源治理和石漠化治理等工程造林规模。以三北防护林工程启动40周年为契机，新建2个百万亩防护林基地，开展精准治沙重点县建设。抓好雄安新区白洋淀上游、内蒙古自治区浑善达克、青海省湟水三个规模化林场建设试点，规划造林723万亩。积极培育珍贵树种和大径材，建设国家储备林1000万亩。同时要大力推进森林城市、森林城市群、森林公园建设。北京、天津、河北、吉林、江苏、云南、青海、西藏等省（自治区、直辖市）党委、政府组织召开各种形式的造林绿化和生态建设会议，对国土绿化工作进行动员部署，出台相关政策文件，推动造林绿化事业快速发展。北京市启动新一轮百万亩平原造林工程。山西省实施吕梁山生态脆弱区林业生态综合治理、环京津冀生态屏障建设、通道沿线荒山绿化和重要水源地治理四大重点工程。内蒙古自治区完成重点区域绿化面积12.6万 hm^2，打造各级各类绿化精品工程76个。湖北省开展绿满荆楚行动，完成造林16.9万 hm^2。广东省持续开展生态景观林带、森林进城围城等林业重点生态工程，新建生态景观林带693.7km，新建森林公园165个、湿地公园34个。甘肃省实施定西渭河源区生态保护与综合治理工程。新疆维吾尔自治区实施伊犁河谷百万亩生态经济林建设和生态修复工程等。辽宁省将造林工作纳入省政府对各市政府绩效考核体系，签订目标责任状。重庆市印发《关于切实做好今年秋冬季造林绿化工作的通知》。安徽省出台《关于实施林业增绿增效行动的意见》。西藏自治区出台《西藏自治区人民政府关于大力开展植树造林推进国土绿化的决定》。陕西省发布《关于实施重点区域绿化工程的意见》。青海省出台《关于创新造林机制激发国土绿化新动能的办法》《青海省国土绿化提速三年行动计划（2018—2020年）》等。

在农业领域，实施防治农业环境污染及耕地退化相关条例建立耕地质量保护长效机制，改善农村土地环境的政策。十八届四中全会发布了《关于引导农村土地经营权有序流转发展农业适度规模经营的意见》，2016年4月27日，《农田水利条例》由国务院第131次常务会议通过，自2016年7月1日起施行。2018年6月，自然资源部划定全国1亿 hm^2 永久基本农田，保护耕地重在守住耕地数量和质量两条红线，大规模开展高标准农田建设，深入实施耕地质量的保护和提升行动，遏制耕地退化趋势，提升耕地质量，同时逐步完善我国地方农业生态环境地质条件和保护技术应用的有中国特色的农业环境标准体系。

在水资源领域，出台促进水资源保护和利用、节约用水的条例，并推进相关政策实施。2014年出台《南水北调工程供用水管理条例》、2016年出台《农田水利条例》、2017年第二次修订《中华人民共和国水文条例》、2017年修订《大中型水利水电工程建设征地补偿和移民安置条例》。为贯彻《中华人民共和国环境保护法》《中华人民共和国水污染防治法》，加强集中式饮用水水源地环境保护和治理、防范饮用水水源污染风险，保障饮用水安全，2018年《饮用水水源保护区划分技术规范》制定实施，各地陆续出台修订"城市饮用水水源保护区环境保护条例"，该阶段，水利部各委员会积极承担国家水土保持重点工程"图斑精细化"监管任务。

在草原资源领域，主要实施了保护草原资源、促进草原生态良性循环的政策。依据《中华人民共和国国民经济发展和社会发展第十三个五年规划纲要》《中共中央 国务院关于加快推进生态文明建设的意见》《生态文明体制改革总体方案》《中华人民共和国草原法》《全国草原保护建设利用总体规划》，2017年农业部印发《全国草原保护建设利用"十三五"规划》，各省（自治区、直辖市）继续建立"草原生态保护补助奖励政策实施方案"，已初步形成以法律为主体，法规、规范性文件为补充的草原治理政策体系。

总体而言，该阶段的土地退化防治制度与政策具有以下特点：一是以习近平总书记生态文明重大战略思想为基础，机构改革方案整合了林业、草原与自然保护区等职能，使土地退化防治的多部门协调问题得到解决，提高了综合治理效率。二是多项林业生态工程稳步推进，各工程互为契机，各省（自治区、直辖市）互相借鉴，协同发展，规模化造林示范区带动全国工程行动大发展。三是依据国家大政方针，各部委各领域制定土地退化防治配套政策体系，各省（自治区、直辖市）因地制宜为自己量身定做区域性法规与实施方案，土地退化防治从量的扩张转变为注重质的提升。

第二节　中国土地退化防治制度与政策行动

一、土地退化防治制度

习近平总书记指出：只有实行最严格的制度、最严密的法治，才能为生态文明建设提供可靠保障。在土地退化防治方面，只有把制度建设作为土地退化防治的重中之重，才能着力破除体制机制障碍，构建可持续土地管理制度，建设美丽中国。

目前，土地退化防治相关制度主要依存于林业、国土资源、环境保护、农业、水利等行业制度之中。本书在研究土地退化防治政策基础上，按照生态文明体制改革要求，以现代林业制度（赵树丛，2014）为主，结合国土资源、农业、水利、环境保护等行业制度，将土地退化防治制度总结为三大类别，即资源优先保护制度、土地退化防治与修复制度、支撑与保障制度，每一制度又由若干子制度构成（表2-1）。这些制度具有优先保护、积极治理和适度利用的治理特点。

表 2-1　中国土地退化防治制度

类别	制度	子制度
资源优先保护制度	土地资源保护制度	沙区植被封禁保育制度
		生态红线保护制度
		自然保护区制度
		湿地保护制度
		沙漠公园与国家公园制度
	土壤生态保护制度	防治土壤污染制度
		防治土壤退化源头性制度
		土壤生态修复、救济、保障制度
	土地资源产权制度	土地资源产权制度
	土地用途管制制度	土地规划咨询审议制度
		土地退化民主决策制度
		公众参与制度

续表

类别	制度	子制度
土地退化防治与修复制度	土地退化生态修复制度	土壤生态监管制度
		谁破坏、谁付费、谁修复的制度
		土地退化生态修复工程建设制度
		自然修复与人工修复相结合的制度
		土地退化修复社会参与制度
	生态补偿制度	土地退化防治生态效益补偿制度
		湿地生态补偿制度
		重点生态功能区转移支付制度
	沙化土地修复与治理制度	重点工程治理制度
		技术创新和示范推广制度
		治理成果后续管理制度
	土地监测评价制度	土地退化连续清查调查制度
		土地退化生态安全等级评价制度
		土地退化生态风险评估制度
	土壤污染防治制度	土壤污染损害赔偿制度
		土壤污染限期治理制度
		土壤污染审计制度
		污染排放申报制度
支撑与保障制度	生态资源市场配置和调控制度	资源市场定价制度
		林产品认证制度
		资源资产证券化制度
		碳汇交易制度
	财税金融扶持制度	公共财政投入制度
		税收扶持制度
		金融支持制度
	土地退化防治监管制度	土地退化防治法律制度
		土地退化防治考核制度
		土地退化社会监督制度

综合来看，中国土地退化防治制度具有以下特点：一是制度涉及管理部门多，内容涵盖土地退化防治的多个领域。二是不同领域分工明确，中央层面的制度较

为宏观，原则性和普适性强，以加强中央制度的稳定性为主。行业部门制度大多是中央制度体系的配套制度，规定较为具体，操作性强。三是制度数量多。

二、土地退化防治政策

土地退化防治法律是土地退化防治政策的关键组成部分。中国与土地退化防治有关的法律数量多、范围广，基本上形成由宪法、法律、行政法规、部门规章组成的土地退化防治法律政策体系，具有一元、两级、多层次的特点（王灿发，2009）。

根据自然资源的属性及其法律现状，除宪法外，法律、行政法规及部门规章，可大致分为防沙治沙、国土资源、水土保持、草原资源、森林资源、水资源、农业、野生动物保护和环境保护九大法律政策领域（表2-2）。

表2-2 中国土地退化防治法律政策

政策领域	名称	效力等级	颁布部门	时间
防沙治沙	《中华人民共和国防沙治沙法》	法律		2001
	《国务院关于进一步加强防沙治沙工作的决定》	行政法规	国务院	2005
	《关于进一步加强北方沙区林草植被保护制止毁坏林草开垦、滥牧、滥挖、滥采行为的通知》	部门规章	国家林业局	2002
	《国家林业局关于认真做好当前沙尘暴灾害应急管理工作的紧急通知》	部门规章	国家林业局	2002
	《营利性治沙管理办法》	部门规章	国家林业局	2004
国土资源	《中华人民共和国土地管理法》	法律		1986
	《中华人民共和国矿产资源法》	法律		1986
	《中华人民共和国土地管理法实施条例》	行政法规	国务院	1998
	《土地调查条例》	行政法规	国务院	2008
	《土地复垦规定》	行政法规	国务院	1988
	《建设项目用地预审管理办法》	部门规章	国土资源部	2004
	《国土资源听证规定》	部门规章	国土资源部	2004
	《土地利用年度计划管理办法》	部门规章	国土资源部	1999
	《闲置土地处理办法》	部门规章	国土资源部	1999
	《关于切实维护被征地农民合法权益的通知》	部门规章	国土资源部	2000
	《国务院关于将部分土地出让金用于农业土地开发有关问题的通知》	行政法规	国务院	2004

续表

政策领域	名称	效力等级	颁布部门	时间
国土资源	《国务院关于深化改革严格土地管理的决定》	行政法规	国务院	2004
	《国务院办公厅转发监察部等部门对征用农民集体所有土地补偿费管理使用情况开展专项检查的意见的通知》	行政法规	国务院	2004
	《国务院办公厅关于加强湿地保护管理的通知》	行政法规	国务院	2004
	《国务院办公厅转发国土资源部关于做好土地利用总体规划修编前期工作意见的通知》	行政法规	国务院	2005
	《国务院办公厅关于规范国有土地使用权出让收支管理的通知》	行政法规	国务院	2006
水土保持	《中华人民共和国水土保持法》	法律		1991
	《中华人民共和国水土保持法实施条例》	行政法规	国务院	1993
	《开发建设晋陕蒙接壤地区水土保持规定》	行政法规	国家计划委员会、水利部	1988
	《开发建设项目水土保持设施验收管理办法》	部门规章	水利部	2002
	《治理开发农村"四荒"资源管理办法》	部门规章	水利部	1998
	《国务院关于加强水土保持工作的通知》	行政法规	国务院	1993
	《关于治理开发农村"四荒"资源进一步加强水土保持工作的通知》	行政法规	国务院	1996
	《关于实施全国水土保持生态修复试点工程的通知》	部门规章	水利部	2002
	《水利部关于黄土高原地区淤地坝建设管理的指导意见》	部门规章	水利部	2004
	《水利部、国土资源部关于进一步加强土地及矿产资源开发水土保持工作的通知》	部门规章	水利部 国土资源部	2004
	《关于加强开发建设项目水土保持督察工作的通知》	部门规章	水利部	2007
	《关于进一步加强农业综合开发水土保持项目管理工作的通知》	部门规章	水利部、国家农业综合开发办公室	2007
草原资源	《中华人民共和国草原法》	法律		1985
	《草原防火条例》	行政法规	国务院	1993
	《草畜平衡管理办法》	部门规章	农业部	2005
	《国务院关于加强草原保护与建设的若干意见》	行政法规	国务院	2002
	《国务院关于促进畜牧业持续健康发展的意见》	行政法规	国务院	2007
森林资源	《中华人民共和国森林法》	法律		1984
	《中华人民共和国森林法实施条例》	行政法规	国务院	2000

| 第二章 中国土地退化防治体系 |

续表

政策领域	名称	效力等级	颁布部门	时间
森林资源	《退耕还林条例》	行政法规	国务院	2002
	《森林和野生动物类型自然保护区管理办法》	行政法规	国务院	1985
	《国务院关于进一步做好退耕还林还草试点工作的若干意见》	行政法规	国务院	2004
	《国务院办公厅关于切实搞好"五个结合"进一步巩固退耕还林成果的通知》	行政法规	国务院	2005
	《国务院关于完善退耕还林政策的通知》	行政法规	国务院	2007
	《占用征用林地审核审批管理办法》	部门规章	国家林业局	2001
	《财政部 国家税务总局关于退耕还林还草试点地区农业税政策的通知》	部门规章	财政部、国家税务总局	2000
	《退耕还林工程现金补助资金管理办法》	部门规章	财政部	2002
	《中共中央 国务院关于全面推进集体林权制度改革的意见》	行政法规	中共中央、国务院	2008
	《中共中央 国务院关于加快林业发展的决定》	行政法规	中共中央、国务院	2003
	《国有林场改革方案》和《国有林区改革指导意见》	行政法规	中共中央、国务院	2015
水资源	《中华人民共和国水法》	法律		1988
	《中华人民共和国防洪法》	法律		1997
	《中华人民共和国水文条例》	行业法规	国务院	2007
	《大中型水利水电工程建设征地补偿和移民安置条例》	行政法规	国务院	2006
	《中华人民共和国河道管理条例》	行政法规	国务院	1988
	《中华人民共和国防汛条例》	行政法规	国务院	1991
	《国务院办公厅转发水利部关于开展流域综合规划修编工作意见的通知》	行政法规	国务院	2007
	《饮用水水源保护区污染防治管理规定》	部门规章	水利部	1989
农业	《中华人民共和国农业法》	法律		1993
	《中华人民共和国农村土地承包法》	法律		2002
	《基本农田保护条例》	行政法规	国务院	1998
	《农药管理条例》	行政法规	国务院	1997
	《农村土地承包经营权流转管理办法》	部门规章	农业部	2005
野生动物保护	《中华人民共和国野生动物保护法》	法律		1988
	《陆生野生动物保护实施条例》	行政法规	国务院	1992

续表

政策领域	名称	效力等级	颁布部门	时间
环境保护	《中华人民共和国环境保护法》	法律		1989
	《中华人民共和国水污染防治法》	法律		1984
	《国务院关于印发土壤污染防治行动计划的通知》	行政法规	国务院	2016
	《中华人民共和国环境影响评价法》	法律		2002
	《建设项目环境保护管理条例》	行政法规	国务院	1998
	《中华人民共和国自然保护区条例》	行政法规	国务院	1994

注：颁布部门为空的法律均由全国人民代表大会常务委员会通过

1) 防沙治沙领域：该领域是中国出台土地退化防治政策的重要领域。2005年颁布《全国防沙治沙规划（2005—2010年）》，做出加强防沙治沙的决定。此后，就林草植被保护、沙尘暴灾害应急管理等出台了一系列具体政策性规定。

2) 国土资源领域：《中华人民共和国土地管理法》是该领域纲领性文件。此后，针对严格土地管理、土地调控、土地利用总体规划、全国土地调查、国家土地督察、被征地农民合法权益维护等都有具体的政策出台。

3) 水土保持领域：《国务院关于加强水土保持工作的通知》《全国水土保持预防监督纲要（2004~2015）》是该领域的纲领性文件。此外，国家针对水土保持生态修复试点工程、水土保持生态补偿等也发布了政策措施。

4) 草原资源领域：《国务院关于加强草原保护与建设的若干意见》是该领域的纲领性文件。在退耕还草方面，国家出台了一系列在粮食、资金、农业税等方面的优惠政策和经济激励方法与措施。国务院第128次常务会议决定，从2011年开始，国家在内蒙古等8个主要草原牧区省级行政区全面实施草原生态保护补助奖励政策，此后政策得到不断完善。

5) 森林资源领域：《中共中央 国务院关于加快林业发展的决定》是该领域的纲领性文件。此外，国务院出台的关于天然林资源保护、防沙治沙、退耕还林等工程具体政策都是该领域的重要政策。

6) 水资源领域：国家水资源领域出台有关土地退化的政策和措施相对较少，主要原因是在土地退化层面，水资源与水土保持在某种程度上具有相关性。

7) 农业领域：该领域既是中国出台退化土地治理政策较多的领域之一，也是出台重要纲领性文件较多的领域之一。主要包括《国务院关于深化改革严格土地管理的决定》《关于进一步做好基础农田保护有关工作的意见》等。

8) 野生动物保护领域：国家出台了《国务院关于坚决制止乱捕滥猎和倒卖、走私珍稀野生动物的紧急通知》《关于加强野生动物保护严厉打击违法犯罪活动的紧急通知》等政策文件。该领域政策常与保护区政策绑定。

9）环境保护领域：《国务院关于落实科学发展观加强环境保护的决定》《关于加强农村环境保护工作的意见》等政策是该领域的纲领性文件。此外，国家在矿产资源开发、自然保护区规划、污染防治等方面也制定了具体政策。

综合来看，国家土地退化防治政策既体现在综合性较强的法律、政策文件中，也体现在具体针对某一领域问题的政策性文件中。前者如《中共中央 国务院关于加快林业发展的决定》，后者如《国务院关于进一步加强防沙治沙工作的决定》，均是为了进一步落实宏观性较强的国家政策而制定颁布的，并就土地退化防治的某个方面做出具体规定。

第三节　中国土地退化防治制度政策的实践成效

一、大工程带动大治理模式效果显著

集中力量办大事是社会主义优越性的重要体现。长期以来，我国采用大工程带动大治理模式取得了显著成效。改革开放40多年来，特别是党的十八大以来，在我国三北防护林、退耕还林还草、京津风沙源治理、天然林资源保护等生态治理工程的持续推进和带动下，开启了以生态工程推动治沙的重点治理阶段，西部各省（自治区）政府全力贯彻中央决策部署，团结带领西部土地退化地区各族干部群众，大力推进西部地区生态安全屏障建设，防治土地退化，持续恶化的生态环境实现了"整体遏制、局部好转"的历史性转变。

二、多部门联动和全民参与水平不断提升

土地退化防治是一项长期而复杂的系统工程，既需要大量的资金投入，又需要科学的理念指导和先进的技术支撑；既需要发挥政府部门的主导作用，又需要调动社会多方面力量积极参与。放眼中国，一个个"绿进沙退"的绿色奇迹，不但在我国北方筑起一道道生态屏障，也为全球防沙治沙树立了榜样。全民动手，义务植树，部门绿化，军队、铁路、煤炭、水利、农业部门都有任务。1978年以后，三北防护林工程等一批生态建设工程的开展，开启了我国全民参与土地退化防治的热潮，防治荒漠化凝聚了中国精神、中国力量。政府主导，建立跨领域、多部门分工合作机制；依法治理，颁布一系列与防治荒漠化有关的法律法规，成为世界上首个颁布防沙治沙法的国家；政策引导，防治责任落实到省级政府。

中国寻找到驯服"沙魔"的秘诀，找到了打开沙漠黄金宝库的钥匙。据联合国环境规划署评估，库布齐沙漠共计修复绿化沙漠65万hm^2，创造生态财富5000多亿元，带动当地民众脱贫超过10万人，提供了就业机会100多万人次。

中国土地退化防治制度与政策整体上体现了可持续土地管理的原则与理念要求，对西部六省（自治区）土地退化防治、管理具有重要影响。

三、土地退化防治技术模式不断创新

中国-全球环境基金自2002年建立土地退化防治伙伴关系合作框架以来，先后启动并实施了"能力建设""管理与政策支持""西北三省（自治区）林业生态发展""甘肃、新疆草原发展"等十多个项目，取得了许多具有全球推广意义和实践运用价值的丰硕成果与成功经验。相对于中亚、非洲甚至全球同类地区而言，中国土地退化防治技术模式优势初显。伙伴关系项目基于各项目省的实践经验，提炼出了44种最佳实践模式（表2-3），不仅在项目区能够取得良好的社会效益、经济效益和生态效益，而且在中国同类地区具有较好的推广借鉴意义。

表2-3　土地退化防治最佳实践模式

技术体系	模式名称
水土流失防治	淤地坝、谷坊、鱼鳞坑状反坡整地、砂田技术、膜下滴灌、修水窖、套笼植树、山地农田林网、覆膜造林、地埂灌木+台地经济林
沙漠化防治	草方格沙障、高立式活沙障、飞播治沙、铁路防沙治沙、沙漠公路生物防护体系、沙地樟子松造林、旱地农田防护林、高寒干旱沙地杨树深栽造林、"两行一带"造林、绿洲农林间作、"窄林带、小网格"的绿洲农田防护林、沙地营造造纸工业原料林技术、治沙造林种草中的种子包衣技术、沙地甘草种植、雨季播种造林、半干旱地区针阔混交林营造
草原退化防治	舍饲圈养、划区轮牧、建草库伦、退化草地补播、草牧场防护林
盐渍化防治	改造盐碱地、农田暗管排水、挖排盐（碱）沟
生态环境建设与资源利用	梭梭人工接种肉苁蓉、沙柳种植与平茬、太阳灶、农村风能利用、沼气池、封山禁牧、玉米秸秆还田、机械残膜回收、绿肥作物种植、牧草混播

资料来源：中国-全球环境基金干旱生态系统土地退化防治伙伴关系和中国-全球干旱地区土地退化评估项目（2008）；中国-全球环境基金干旱生态系统土地退化防治伙伴关系（2013）

在我国内蒙古、陕西、甘肃、宁夏、青海和新疆西部六个省（自治区）成功应用了综合生态系统管理的理念，建立了多部门、多层次的协调机制和管理体系，制定或修订了33部有关土地退化防治的地方性法规和政府规章，编制了土地退化综合防治战略与行动计划，建立了土地退化防治信息中心和信息共享机制，培养了一批懂技术、善管理、会经营的乡土专家队伍，在典型区域建立了18个土地退化综合防治示范点，探索了一批最佳防治模式。例如，甘肃崆峒区项目村采用秸

第二章　中国土地退化防治体系

秆先饲养牲畜，牲畜过腹后再还田的方式，将小流域治理与发展循环经济结合起来，将单一的种植结构拓展为种植业与养殖业相结合的结构，增加了土壤肥力，减缓了土地退化。不断创新的土地退化防治技术模式，加快了中国西部干旱地区土地退化防治的进程。

中国坚持可持续发展的理念和思想，注重防沙、治沙和用沙的结合；政府主导，各方努力、全民参与；法律约束，政策倒逼和示范带动，生态效益、社会效益、经济效益三效并重；工程措施、生物措施和农艺措施的综合防治。为促进全球环境基金与中亚和非洲地区建立土地退化防治伙伴关系提供了经验，得到了国际社会的高度肯定。

第三章　西部地区土地退化防治政策与实践

　　本章西部地区主要指内蒙古、陕西、甘肃、青海、四川和贵州六省（自治区），多属干旱、半干旱地区，地表植被为荒漠、草原，植被覆盖率低，生态环境脆弱，是中国风蚀、水蚀和次生盐渍化最为严重的地区之一。可以说，西部地区是中国土地退化的典型地区。中华人民共和国成立以来，西部六省（自治区）出台了众多土地退化防治制度与政策，采取并推广了多种土地退化防治与生态修复措施，形成了一定的制度与政策框架。

第一节　制度与政策的总体走向

　　纵观西部地区土地退化防治过程，其制度与政策带有典型的政府主导性、强制性以及自上而下的显著特征（雪邱秋，2005）。西部地区作为中国土地退化的典型地区，治理制度与政策机制受社会发展阶段与重大工程影响，呈阶段性特征。大致分为：1978年以前（改革开放以前）、1978~1999年（改革开放至西部大开发之前）、2000~2011年（西部大开发至党的十八大召开）、2012年至今（党的十八大以来）四个阶段。

一、1978年以前的制度与政策

　　众多考古和地质资料显示，西部地区在历史上曾是气候暖湿、湖泊遍地、植被良好、森林茂密、繁荣富庶的地区。司马光的《资治通鉴》中描述盛唐时期陕西、甘肃的发展情景是"间阎相望，桑麻翳野，天下称富庶者无如陇右"（孙妍，2009）。到20世纪初，由于经济发展缓慢，西部地区的造林、水利、畜牧、开垦与交通事业是该区域的重点工作。周开庆（1943）指出："主张开发交通，正所以谋人民移殖的便利；主张振兴水利，正所以谋粮食的增产；主张造林，正所以改进自然环境，便于人民的居住。所以交通水利和造林等等工作，可以说是增殖人口的一种准备工作。"中华人民共和国成立之初，我国西部地区土地退化问题并不十分严重，受环境污染问题还未凸显等原因影响，土地退化防治活动主要是治沙造林和黄土高原水土流失治理，主要表现为在陕西、甘肃等地建立多个造林防沙机构，如1949年成立冀西沙荒造林局，1950年设立陕北防沙林场，开展了黄土高原水土流失治理、小流域综合治理等实践（高照良等，2009；胡世明，2010），一定程度上搭建起了土地退化防治制度的基础。

总体来说，该阶段的土地退化防治制度有如下特点：一是土地退化防治制度侧重局部问题，治理修复工程期短，多属于因害设防类型制度，缺乏计划性、规模化的制度（刘纪远等，2008）。二是土地退化防治工作主要围绕"改善当地的农业生产条件"和"以开发带动治理"展开，如梯田的修建、小流域治理等多是为了服务当地农业生产与经济建设（李秀彬等，2010）。三是部分政策、治理工程是直接为开发服务的，如20世纪50年代宁夏中卫为了修建包兰铁路在沙坡头探索的"麦草方格"固沙治理等（史培军等，2000）。总体上，该阶段的土地退化防治政策、工程及措施属于启动和探索阶段，政策逐渐由开发转向保护与治理，多方面并进的治理模式与法律政策开始被提到议事日程。

二、1978～1999年的制度与政策

20世纪70年代，随着我国推行以经济建设为中心的改革开放战略，西北地区的土地开始被逐渐开发，土地制度与政策制定也以服务于国家与地区经济发展为目的。后来，国家逐步认识到西部地区生态建设的迫切性，启动和开始探索西部土地退化防治与生态保护工作，对西部的支持力度也不断加大，土地退化防治与生态保护修复进入快速发展阶段（刘燕等，2008）。一方面，有计划、有步骤、大规模实施与土地退化紧密相关的生态建设工程，如三北防护林工程（1978年）、全国防沙治沙工程（1991年）等；另一方面，出台一系列治理政策和专项规划，如《黄河流域黄土高原地区水土保持专项治理规划》《青海省湟水流域水污染防治条例》等。在该阶段，西部地区实行了市场经济的环境政策，如在"六五"计划期间实行的补贴政策（1982年）、税收优惠政策（1984年）、排污许可证交易制度（1985年），"七五"计划期间实行的水资源与矿产资源税（1986年），"八五"计划期间实行的污水处理设施使用费（1993年），"九五"计划期间实行的对污染企业的贷款限制机制（1996年）等。

总体来说，该阶段国家的主要精力集中在经济发展方面，土地退化防治制度与政策具有浓厚的经济发展色彩，土地退化防治成为经济发展的工具，服务并服从国家经济发展的大局。经济发展与效率优先成为决策者的决策导向，使得土地退化防治制度与政策具有明显的功利主义倾向。此外，该阶段土地退化防治政策工具较为单一，以"命令-控制型"政策工具为主，这种政策工具在缓解土地退化、解决土地污染问题、改善环境质量方面起到了显著的效果，但成本太高、缺乏灵

活性、效率低下，无法应对日益复杂的环境与经济社会形势。

三、2000～2011年的制度与政策

2000年1月，国务院成立了西部地区开发领导小组，经过全国人民代表大会审议通过，国务院西部地区开发领导小组办公室于2000年3月正式开始运作，这标志着西部大开发战略正式启动。实施西部大开发战略，是党中央面向21世纪做出的重大决策，加强生态环境保护和建设是西部大开发的重点任务和战略目标之一（孔荣，2008），在该阶段，西部土地退化防治发展迅速。

一是各省（自治区）多领域、多举措积极推进土地退化防治。以青海省为例，青海省相继颁布实施《青海省实施〈中华人民共和国森林法〉办法》（2003年）、《青海湖流域生态环境保护条例》（2003年）、《青海省盐湖资源开发与保护条例》（2001年）、《青海省实施〈中华人民共和国土地管理法〉办法》（2006年）等一系列法规办法，有效控制了该省土地退化趋势。

二是该阶段的多个国家重要文件将西部地区土地退化防治作为重点工作。例如，《国务院关于落实科学发展观加强环境保护的决定》等国家重大政策文件中多次明确西部土地退化防治相关内容；内蒙古高度重视防沙治沙工作，在实施西部大开发战略规划纲要中明确提出，把内蒙古建设成为我国北方最重要的生态防线。

三是为配合西部大开发，国家林业局在西部地区实施三大重点防护工程，即在长江上游、黄河上中游地区实施造林绿化工程；在西北、华北北部和东北西部的风沙干旱地区实施防沙治沙工程；在内蒙古等重点国有林区实施天然林资源保护工程。这三项工程有效推进了西部地区生态环境建设，扭转了这一地区土地退化趋势。

总体来说，该阶段属于大规模建设阶段，多项生态建设工程同时实施，资金投入较大，初见成效，具有明显的工程带动、政策拉动、科技推动、法制促动的特点。此外，受社会经济发展影响，社会对土地退化防治的认识不断深化，治理措施也更趋于科学、合理。

四、2012年至今的制度与政策

党的十八大以来，生态文明建设上升到前所未有的新高度，西部地区将生态文明建设融入政治、经济、社会、文化建设的全过程之中。西部地区土地退化防治政策已经开始贯穿至区域治理的全过程。

一是大力推进西部地区生态文明制度建设，为土地退化防治制度构建提供重

要参考。例如，内蒙古颁布实施《内蒙古自治区党委 自治区人民政府关于加快推进生态文明建设的实施意见》，建立由自治区政府领导挂帅、各职能部门共同参与的生态文明建设委员会，建立日常协调议事机制，先后出台几十余项生态文明体制改革成果，划定耕地、草原、林业、水资源管理等多条红线，在7个盟市旗县开展领导干部自然资源资产责任审计试点，最终达到全覆盖。

二是党中央、国务院高度重视西部地区生态建设与土地退化防治。《中共中央 国务院关于深入实施西部大开发战略的若干意见》强调推进五大重点生态区综合治理；国家发展和改革委员会颁布《西部地区重点生态区综合治理规划纲要（2012—2020年）》，划定了西北草原荒漠化防治区、黄土高原水土保持区、青藏高原江河水源涵养区、西南石漠化防治区、重要森林生态功能区五大重点生态区，共计包括西部地区574个县（市、旗、区）及新疆生产建设兵团所属相关团场，总面积约400万km^2。

三是各省（自治区）根据区域土地退化特点，因地制宜建立相关制度，并制定政策。例如，贵州印发《贵州省生态保护红线管理暂行办法》；甘肃印发《甘肃省高标准农田建设规划（2011—2020年）修订方案》；内蒙古颁布《内蒙古自治区人民政府办公厅关于健全生态保护补偿机制的实施意见》《内蒙古自治区人民政府关于加强生态自我修复促进环境保护和建设的意见》等文件。

总体来说，西部六省（自治区）在该阶段已初步形成了多元化、综合性的土地退化防治制度框架与政策体系（表3-1和表3-2）。但现有制度与政策带有明显的理念性特征，法治与制度性属性并不多。同时，土地退化防治仍具有较强的"碎片化"特征，治理制度与政策的制定执行"条块分割""各自为政"明显，整体性较弱。

表3-1 西部六省（自治区）土地退化防治制度

制度框架	主要制度名称	涉及省份	说明
土地资源资产产权制度	确权登记制度	内蒙古、陕西、甘肃、青海、四川、贵州	构建归属清晰、权责明确、监管有效的土地资源资产产权制度，着力解决土地资源所有者不到位、所有权边界模糊等问题
	土地资源资产产权制度	内蒙古、陕西、甘肃、青海、四川、贵州	
	土地资源资产管理体制	内蒙古、陕西、甘肃、青海、四川、贵州	
	分级行使所有权体制	内蒙古、陕西、甘肃、青海、四川、贵州	
	水流和湿地产权确权试点	甘肃、陕西	

续表

制度框架	主要制度名称	涉及省份	说明
国土空间开发保护制度	主体功能区制度	内蒙古、陕西、甘肃、青海、四川、贵州	构建以空间规划为基础、以用途管制为主要手段的国土空间开发保护制度，着力解决因无序开发、过度开发、分散开发导致的优质耕地和生态空间占用过多、生态破坏、环境污染等问题
	国土空间用途管制制度	内蒙古、陕西、甘肃、青海、四川、贵州	
	国家公园体制	青海、四川、甘肃、陕西	
	土地及自然资源监管体制	内蒙古、陕西、甘肃、青海、四川、贵州	
空间规划制度	空间规划编制体系	内蒙古、陕西、甘肃、青海、四川、贵州	构建以空间治理和空间结构优化为主要内容的空间规划体系，着力解决空间规划重叠冲突、部门职责交叉重复、地方规划朝令夕改等问题
	市县"多规合一"体制	内蒙古、陕西、甘肃、青海、四川、贵州	
	市县空间规划编制方法	甘肃、青海、四川	
土地资源总量管理和全面节约制度	耕地保护制度	内蒙古、陕西、甘肃、青海、四川、贵州	构建覆盖全面、科学规范、管理严格的土地资源总量管理和全面节约制度，着力解决土地资源使用浪费严重、利用效率不高等问题
	土地节约集约利用制度	内蒙古、陕西、甘肃、青海、四川、贵州	
	水资源管理制度	内蒙古、陕西、甘肃、青海、四川、贵州	
	能源消费总量管理和节约制度	陕西、甘肃、青海、四川、贵州	
	天然林保护制度	内蒙古、陕西、甘肃、青海、四川、贵州	
	草原保护制度	内蒙古、陕西、甘肃	
	湿地保护制度	内蒙古、陕西、甘肃、青海、四川、贵州	
	沙化土地封禁保护制度	内蒙古、甘肃	
	矿产资源开发利用管理制度	内蒙古、陕西、甘肃、青海、四川、贵州	
	土地资源循环利用制度	内蒙古、陕西、甘肃、青海、四川、贵州	
土地资源有偿使用和生态补偿制度	土地资源及其产品价格改革	内蒙古、陕西、甘肃、青海、四川、贵州	构建反映市场供求和资源稀缺程度、体现自然价值和代际补偿的土地资源有偿使用和生态补偿制度，着力解决自然资源及其产品价格偏低、生产开发成本低于社会成本、保护生态得不到合理回报等问题
	土地有偿使用制度	内蒙古、陕西、甘肃、青海、四川、贵州	
	矿产资源有偿使用制度	甘肃、陕西、青海	
	资源环境税费改革	甘肃、陕西、青海	

第三章 西部地区土地退化防治政策与实践

续表

制度框架	主要制度名称	涉及省份	说明
土地资源有偿使用和生态补偿制度	生态补偿机制	内蒙古、陕西、甘肃、青海、四川、贵州	构建反映市场供求和资源稀缺程度、体现自然价值和代际补偿的土地资源有偿使用和生态补偿制度，着力解决自然资源及其产品价格偏低、生产开发成本低于社会成本、保护生态得不到合理回报等问题
	生态保护修复资金使用机制	内蒙古、陕西、甘肃、青海、四川、贵州	
	耕地草原河湖休养生息制度	内蒙古、陕西、甘肃、青海、四川、贵州	
土地退化公开监督管理制度	污染物排放许可制	内蒙古、陕西、甘肃、青海、四川、贵州	构建以改善土地质量为导向，监管统一、执法严明、多方参与的土地退化防治制度体系，着力解决污染防治能力弱、监管职能交叉、权责不一致、违法成本过低等问题
	污染防治区域联动机制	内蒙古、陕西、甘肃、青海、四川、贵州	
	农村土地治理体制机制	内蒙古、陕西、甘肃、青海、四川、贵州	
	土地治理信息公开制度	内蒙古、陕西、甘肃、青海、四川、贵州	
	土地退化损害赔偿制度	内蒙古、陕西、甘肃	
	土地保护管理制度	内蒙古、陕西、甘肃、青海、四川、贵州	
土地退化防治市场制度	土地退化防治和生态保护市场主体培育	内蒙古、陕西、甘肃、青海、四川、贵州	构建更多运用经济杠杆进行土地退化防治和生态保护的市场体系，着力解决市场主体和市场体系发育滞后、社会参与度不高等问题
	碳排放权交易制度	内蒙古、陕西、甘肃、青海、四川、贵州	
	排污权交易制度	内蒙古、陕西、甘肃、青海、四川、贵州	
	水权交易制度	内蒙古、陕西、甘肃、青海、四川、贵州	
	绿色金融体系	内蒙古、陕西、甘肃、青海、四川、贵州	
	绿色产品体系	内蒙古、陕西、甘肃、青海、四川、贵州	
绩效评价考核和责任追究制度	目标体系	内蒙古、陕西、甘肃、青海、四川、贵州	构建充分反映土地资源消耗、环境损害和生态效益的绩效评价考核和责任追究制度，着力解决发展绩效评价不全面、责任落实不到位、损害责任追究缺失等问题
	土地资源环境承载能力监测预警机制	内蒙古、陕西、甘肃、青海、四川、贵州	
	土地资源资产负债表	内蒙古、陕西、甘肃、青海、四川、贵州	
	土地资源资产离任审计	内蒙古、陕西、甘肃、青海、四川、贵州	
	土地损害责任终身追究制	内蒙古、陕西、甘肃、青海、四川、贵州	

注：对治理制度进行了针对性节选

表 3-2　西部土地退化防治政策

省（自治区）	政策领域	政策名称
内蒙古	国土资源	《内蒙古自治区实施〈中华人民共和国土地管理法〉办法》《内蒙古自治区基本草牧场保护条例》《内蒙古自治区基本农田保护实施细则》《内蒙古自治区土地监察办法》《内蒙古自治区土地复垦实施办法》《内蒙古自治区集体土地所有权登记若干规定》
	防沙治沙	《内蒙古自治区实施〈中华人民共和国防沙治沙法〉办法》
	水土保持	《内蒙古自治区实施〈中华人民共和国水土保持法〉办法》《内蒙古自治区实施治理开发农村"四荒"资源实施办法》
	草原资源	《内蒙古自治区草原管理条例》《内蒙古自治区草原管理条例实施细则》《内蒙古自治区草畜平衡暂行规定》《内蒙古自治区草原承包经营权流转办法》
	森林资源	《内蒙古自治区实施〈中华人民共和国森林法〉办法》《内蒙古自治区林木种苗条例》
	水资源	《内蒙古自治区实施〈中华人民共和国水法〉办法》《内蒙古自治区农业节水灌溉条例》《内蒙古自治区实施〈中华人民共和国防洪法〉办法》《内蒙古自治区水工程管理保护办法》《内蒙古自治区水资源费征收使用管理办法》
	农业	《内蒙古自治区农牧业承包合同条例》《内蒙古自治区农业资源区划条例》《内蒙古自治区耕地保养条例》
	野生动物保护	《内蒙古自治区实施〈中华人民共和国野生动物保护法〉办法》
	环境保护	《内蒙古自治区环境保护条例》《内蒙古自治区农业环境保护条例》《内蒙古自治区地质环境保护条例》《内蒙古自治区锡林郭勒草原国家级自然保护区管理条例》《内蒙古自治区境内黄河流域水污染防治条例》《内蒙古自治区境内西辽河流域水污染防治条例》《内蒙古自治区自然保护区实施办法》
青海	国土资源	《青海省矿产资源管理条例》
	防沙治沙	《海西蒙古族藏族自治州沙区植物保护条例》《青海省人民政府关于贯彻〈国务院关于进一步加强防沙治沙工作的决定〉的实施意见》
	水土保持	《青海省实施〈中华人民共和国水土保持法〉办法》《青海省人民政府关于大力加强水土保持工作的通知》
	草原资源	《青海省草原承包办法》《青海省人民政府贯彻〈国务院关于加强草原保护与建设的若干意见〉的意见》《青海省人民政府关于保护生态环境实行禁牧的命令》《青海省草原使用权流转办法》
	森林资源	《青海省实施〈中华人民共和国森林法〉办法》《青海省绿化条例》《西宁市南北两山绿化条例》《民和回族土族自治县造林绿化管护条例》《西宁市城市园林绿化管理条例》《中共青海省委、青海省人民政府关于贯彻〈中共中央 国务院关于加快林业发展的决定〉的实施意见》
	水资源	《青海省实施〈中华人民共和国水法〉办法》
	农业	《青海省农村土地承包条例》《青海省重点农田保护管理条例》《青海省农业技术推广条例》
	野生动物保护	《青海省实施〈中华人民共和国野生动物保护法〉办法》

第三章 西部地区土地退化防治政策与实践

续表

省（自治区）	政策领域	政策名称
青海	环境保护	《青海省实施〈中华人民共和国环境保护法〉办法》《青海湖流域生态环境保护条例》《青海省湟水流域水污染防治条例》《青海省农业环境保护办法》《西宁市居民居住环境污染防治办法》《青海省人民政府关于贯彻〈国务院关于落实科学发展观加强环境保护的决定〉的实施意见》
甘肃	国土资源	《甘肃省实施〈中华人民共和国土地管理法〉办法》《甘肃省土地监督检查条例》《甘肃省基本农田保护条例》《甘肃省基础设施建设征用土地办法》《甘肃省土地登记条例》《甘肃省土地退化防治条例》《甘肃省肃北蒙古族自治县矿产资源管理办法》《甘肃省甘南藏族自治州土地管理办法》《甘肃省甘南藏族自治州矿产资源管理条例》《甘肃省天祝藏族自治县矿产资源管理条例》《甘肃省肃南裕固族自治县矿产资源管理条例》《甘肃省阿克塞哈萨克族自治县矿产资源管理办法》
甘肃	防沙治沙	《甘肃省实施〈中华人民共和国防沙治沙法〉办法》
甘肃	水土保持	《甘肃省实施〈中华人民共和国水土保持法〉办法》
甘肃	草原资源	《甘肃省草原条例》《甘肃省草原开垦管理办法》《甘肃省甘南藏族自治州草原管理办法》《甘肃省甘南藏族自治州草原防火条例》《甘肃省甘南藏族自治州旅游管理条例》《甘肃省天祝藏族自治县草原管理条例》《甘肃省肃南裕固族自治县草原管理条例》《甘肃省阿克塞哈萨克族自治县草原管理条例》《甘肃省肃北蒙古族自治县草原管理办法》
甘肃	森林资源	《甘肃省实施〈中华人民共和国森林法〉办法》《甘肃省森林病虫害防治检疫条例》《甘肃省湿地保护条例》《甘肃省林木种苗管理条例》《甘肃省白水江国家级自然保护区管理条例》《甘肃省兴隆山国家级自然保护区管理条例》《甘肃省全民义务植树条例》《甘肃省祁连山国家级自然保护区管理条例》《甘肃省莲花山国家级自然保护区管理条例》《甘肃省森林公园管理办法》《甘肃省公路造林与管护规定》《甘肃省实施森林防火条例办法》《兰州市全民义务植树办法》《兰州市城市园林绿化管理办法》《兰州市南北两山绿化建设管理办法》《兰州市保护城市重点公共绿地的规定》《甘肃省肃南裕固族自治县森林防火条例》《关于在全省重点区域实施封山禁牧意见》《关于加快林业发展的决定》
甘肃	水资源	《甘肃省实施〈中华人民共和国水法〉办法》《甘肃省水利工程设施管理保护条例》《甘肃省实施河道管理条例办法》《甘肃省实施防汛条例细则》《甘肃省小型水利工程管理办法》《兰州市城市节约用水管理办法》
甘肃	农业	《甘肃省农村能源建设管理条例》《甘肃省农业承包合同管理条例》《甘肃省耕地保养暂行办法》《甘肃省农药管理办法》《兰州市蔬菜基地管理办法》《关于推进社会主义新农村建设的实施意见》《关于促进农民增加收入的意见》《关于进一步加强农村工作提高农村综合生产能力的意见》《关于大力推进农业产业化化经营的意见》《关于大力发展农民专业经济合作组织的意见》《关于加强农业科技推广及农民培训工作的意见》《关于加强农业法制建设的意见》
甘肃	野生动物保护	《甘肃省甘南藏族自治州保护野生动物若干规定》
甘肃	环境保护	《甘肃省环境保护条例》《甘肃省自然保护区管理条例》《甘肃省地质环境保护条例》《甘肃省石油勘探开发生态环境保护条例》《兰州市实施大气污染防治法办法》《兰州市城市生活饮用水源保护和污染防治办法》

续表

省（自治区）	政策领域	政策名称
陕西	国土资源	《陕西省实施〈中华人民共和国土地管理法〉办法》《陕西省农村集体五荒资源治理开发管理条例》《陕西省实施基本农田保护条例细则》《陕西省实施〈土地复垦规定〉办法》
	防沙治沙	《陕西省实施〈中华人民共和国防沙治沙法〉办法》
	水土保持	《陕西省实施〈中华人民共和国水土保持法〉办法》
	草原资源	《陕西省实施〈中华人民共和国草原法〉办法》
	森林资源	《陕西省森林管理条例》《陕西省关于开展全民义务植树运动的实施细则》《关于在全省重点区域实施封山禁牧意见》《陕西省关于贯彻〈中共中央国务院关于加快林业发展的决定〉的实施意见》《关于开展大规模种草种树彻底改变陕西省干旱地区农业落后面貌的决定》《陕西省人民政府办公厅关于加强湿地保护管理的通知》
	水资源	《陕西省实施〈中华人民共和国水法〉办法》《陕西省渭河流域水污染防治条例》《陕西省城市饮用水水源保护区环境保护条例》《陕西省水资源总体规划》《陕西省节约用水规划》《陕西省水功能区划》《陕西省水资源保护规划》
	农业	《陕西省农村集体经济承包合同管理条例》《陕西省农村集体资产管理条例》《关于加快以苹果为主的果业产业化建设的决定》《关于加快畜牧产业化建设的决定》《陕西省农业发展"十一五"规划》《陕西省推进社会主义新农村建设规划纲要》《陕西省粮食生产规划》
	野生动物保护	《陕西省实施〈中华人民共和国野生动物保护法〉办法》
	环境保护	《陕西省实施〈中华人民共和国环境影响评价法〉办法》《陕西省实施〈中华人民共和国环境保护法〉办法》《陕西省煤炭石油天然气开发环境保护条例》《陕西省湿地保护条例》《陕西省环境污染限期治理项目管理办法》《陕西省汉江丹江流域水污染防治条例》《陕西省生态功能区划》《陕西省人民政府关于加快发展环保产业的若干规定》
贵州	国土资源	《贵州省实施〈中华人民共和国土地管理法〉办法》《贵州省基本农田保护条例》《贵州省土地管理条例》《贵州省土地整治项目管理办法》《贵州省土地整理复垦开发项目管理办法（试行）》《贵州省土地整治条例》《贵州省森林林木林地流转条例》
	防沙治沙	《贵州省实施〈中华人民共和国水土保持法〉办法》《贵州省岩溶地区石漠化综合治理试点工程项目管理办法（试行）》《中共毕节地委 毕节地区行署关于加快推进石漠化综合防治工作的实施意见》《毕节地区岩溶地区石漠化综合治理乡（镇）试点工程管理办法》
	水土保持	《贵州省水土保持条例》
	草原资源	《贵州省实施〈中华人民共和国草原法〉暂行办法》
	森林资源	《贵州省森林条例》《贵州省人民政府关于开展全民义务植树运动的实施细则》《贵州省实施〈中华人民共和国森林法〉暂行规定》《贵州省森林公园管理条例》《贵州省实施〈森林和野生动物类型自然保护区管理办法〉细则》《贵州省湿地保护条例》《贵州省林木种苗管理条例》
	水资源	《贵州省实施〈中华人民共和国水法〉办法》《贵州省水污染防治条例》《贵州省水污染防治条例（草案）》《贵州省河道管理条例》

续表

省（自治区）	政策领域	政策名称
贵州	农业	《贵州省扶贫开发条例》《贵州省古茶树保护条例》《贵州省渔业条例修正案》
	野生动物保护	《贵州省动物防疫条例》《贵州省陆生野生动物保护办法》
	环境保护	《贵州省环境保护条例》《贵州省生态保护红线管理暂行办法》《贵州省大气污染防治条例》
四川	国土资源	《四川省〈中华人民共和国土地管理法〉实施办法》《四川省土地管理暂行条例》《四川省〈中华人民共和国土地管理法〉实施办法》《四川省土地整治项目和资金管理办法》《四川省〈中华人民共和国农村土地承包法〉实施办法》
	防沙治沙	《四川省〈中华人民共和国防沙治沙法〉实施办法》
	水土保持	《四川省〈中华人民共和国水土保持法〉实施办法》
	草原资源	《四川省〈中华人民共和国草原法〉实施办法》《四川省草原承包办法》
	森林资源	《成都市古树名木保护管理规定》《四川省长江防护林体系管理条例》《四川省绿化条例》《四川省森林公园管理条例》《四川省天然林保护条例》
	水资源	《四川省长江水源涵养保护条例》《四川省水利工程管理条例》
	农业	《四川省农村能源条例》《四川省〈中华人民共和国渔业法〉实施办法》《四川省农作物种子管理条例》
	野生动物保护	《四川省〈中华人民共和国野生动物保护法〉实施办法》《四川省陆生野生动物及其产品经营许可证管理办法》
	环境保护	《四川省环境保护条例》《四川省辐射污染防治条例》《四川省〈中华人民共和国大气污染防治法〉实施办法》《四川省自然保护区管理条例》

注：对治理政策进行了针对性节选。

第二节 土地退化防治实践

为有效推进西部地区土地退化防治工作，应对气候变化，内蒙古、陕西、甘肃、青海、四川与贵州六省（自治区）在能力建设、支持农村生计、完善管理机制等多个领域进行了大量实践，为土地退化防治总结了可供参考的经验教训。

一、西部地区土地退化防治总体概况

退化土地严重制约了西部地区社会经济的发展，其治理问题已成为西部地区实现可持续发展的关键与重点。西部地区土地退化防治的实践整体可概括为三点。首先，在项目措施方面，根据土地退化特征，因地制宜治理退化土地，推动治理措施与农业措施、生物措施、工程措施相配套。其次，在政策方面，将土地退化防治与生态环境建设、扶贫开发相结合，推动富民事业与生态建设的均衡发展。最后，在产业方面，通过林业、畜牧以及旅游等产业发展，推进西部产业结构调整，实现经济效益和生态效益的"双赢"。

（一）在项目措施方面

西部地区针对不同程度的土地退化，结合地区自然资源特征，设计了一系列综合性、差异性项目，包括政策与规划的制定、防治技术支持、人力开发与培训、政府能力建设等内容，这些项目均因地制宜地采取生态治理措施，治理退化土地，发挥了土地退化防治项目的综合效益，一定程度上减少限制因素的制约。对于西部地区已无法利用的退化土地、旱作农业区、半农半牧区以及具有退化趋势的土地采取了营造防护林带、退耕还林、退耕还草或退耕还湖等措施治理退化土地。此外，各省（自治区）合理利用和调控作为农田灌溉水源的地表水和地下水，减少农田灌溉不足，积极推广喷灌、滴灌等灌溉技术，节约用水，防止了因灌溉不足、灌溉不当引起的土壤次生盐渍化等退化土地。对牧区的退化土地，采取合理控制载畜量、定期轮牧、轮流剖草等措施，防止了过度放牧导致的草场和土壤退化。对工矿型退化土地，各省（自治区）通过颁布政策文件，在开发建设的同时，重视生态环境的重建，限制污染物的排放，对矿山开采与城镇化进程中产生的占压土地、损毁土地进行复垦。

（二）在政策方面

治理修复是一个连续的长期过程，在不减轻产生退化压力的情况下，如果所采取的措施和项目不能首先使当地群众受益，那么土地退化的改善必然难以持续。我国生态工程建设长期以来实行地方为主、国家为辅的原则，主要依靠群众投工投劳进行建设，投入低、产出低，工程质量和生态效益较差，规模较小，建设步伐缓慢。生态环境建设是一项长期的艰巨任务，其收益具有很大的外部性。为调动地方和农民的积极性，各省（自治区）加大投入，补偿农民治理退化土地的收益。同时利用多种渠道的资金探索了多种替代生计和替代产业的模式。此外，土地退化防治建设项目充分利用了农村剩余劳动力，采取以工代赈和劳动密集型的方式，配合基础设施建设，充分改善贫困地区基本生产条件和生活环境，帮助尚未解决温饱的贫困人口。

（三）在产业方面

经济结构调整是中国新时代的发展主线，土地退化防治实践需与产业结构调整相结合。通过产业结构调整，发展具有比较优势、资源节约和环境友好的特色产业，是巩固治理成果、提高可持续发展能力的基础。西部地区产业结构调整主要表现在：一是调整林业产业结构，大力发展经济林和生态林。鼓励农民和社会集资承包、租赁、合作投资荒山荒坡种树种草，发展经济林木。发展特色林果业及其加工业，建成了一批名、特、优、新的林业商品生产基地，利用互联网、大数据等新技术，开拓市场潜力，增强经济林种植的经济效益。二是调整草原产业结构。西部地区通过加强草原建设，不断增加人工和改良草场面积，大力发展草地畜牧业，改良和培育优良畜禽品种，内蒙古等省（自治区）在皮、毛质量上狠下功夫，提高了畜产品市场竞争力。三是大力发展旅游业。西部地区丰富的自然资源为旅游业提供了很好的发展基础。各省（自治区）积极采取措施，推动旅游业产品开发与带动当地产业相结合，使旅游业成为地区经济的新增长点。结合大规模的生态建设，建立多种类型的生态旅游区、自然保护区、森林公园等，开发旅游线路，开拓旅游市场，使旅游业成为当地富民增收的新兴支柱产业。

二、各省（自治区）的土地退化防治实践

（一）内蒙古自治区

内蒙古自治区横跨我国东北、西北地区，土地面积约占我国国土面积的1/8，是我国重要的生态安全屏障，由西向东处于干旱区、半干旱区、亚湿润干旱区，是我国荒漠化、沙化土地分布最为广泛的省（自治区）之一。内蒙古自治区结合主体功能区划战略布局和自治区生态保护与建设的实际，实施精准治理。党的十八大以来，共完成防沙治沙面积7100万亩，占全国同期防沙治沙总面积的40%以上，防沙治沙面积持续位列全国第一。主要实践包括：一是把山水林田湖草沙作为一个生命共同体对待，按照"三山两沙四区"生态建设框架，分区施策、重点突破，开展大规模国土绿化行动，推进土地退化防治。二是积极改善农村牧区生态环境，为其提供更多更优的生态产品，实现百姓富与生态美的有机统一。鼓励农牧民参与土地退化防治，落实林业惠民政策，增加农牧民收入，助力精准扶贫。三是加强资源保护和管理。严格落实红线保护制度，落实好盟市旗县政府保护发展资源目标责任制，严厉打击各类涉林违法犯罪行为，确保林地面积不减少、森林覆盖率不降低。

库布齐沙漠是我国第七大沙漠，位于鄂尔多斯高原脊线的北部。亿利资源集团经过近30年的不断探索与实践，引入政府政策性支持、企业产业化拉动、农牧民市场化参与、生态持续化改善的PPP（public-private partnership）合作共赢机制，

以修路、植树、建设防沙锁边林工程和沙漠腹部生态修复工程为起点，因地制宜进行产业化的开发，形成了生态修复、生态牧业、生态健康、生态旅游、生态光能、生态工业 "六位一体"的沙漠生态产业，实现一二三产业融合发展，以多种方式带动贫困人口脱贫致富，治理土地退化。

（二）陕西省

陕西省位于我国内陆腹地，地跨长江、黄河两大流域，是连接东西部地区的重要纽带，在西部开发中占有重要的地位。陕西省是全国水土流失最严重的省份之一，全省水土流失面积占土地总面积的 66.8%。陕西省在土地退化功能区的渭河谷地农业生态功能区、渭北黄土高原丘陵沟壑水土流失重点控制生态功能区和长城沿线风沙草原生态区开展土地退化防治，通过总结推广先进技术，恢复创新点退化土地，改善人民生产、生活条件，增加农民经济收入，为地区经济可持续发展提供了良好的示范带动作用。

黄土高原是世界上水土流失最严重的地区，也是我国水土治理和生态建设的重点地区。20 世纪 80 年代以后，国家在该地区先后开展了小流域治理工程、水土保持重点工程、退耕还林还草工程、淤地坝建设和坡耕地整治等一系列生态工程，对土壤侵蚀控制、生态建设等均起到了良好作用。主要实践包括：一是加大水土流失防治力度，推进以植被生态功能提升为核心的生态工程。实施退耕还林还草工程，加强水土保持综合治理工程，推进以坡改梯为重点的土地整治和小流域综合治理，实行生态公益林补偿机制，实施天然林保护，强化封山育林，充分发挥黄土高原地区的自然修复能力。二是优化产业结构，重视农户转移就业，减轻生态环境承载压力。对水土流失地区的富余劳动力，开展了专业性技能培训，为农户非农自主经营提供小额贷款、完善农村社会保障体系，提高农民素质与就业能力，使更多农村剩余劳动力逐渐从传统小农生产中转移出来，并达到更高的收入水平。三是完善政策机制，强化依法防治，严格执行实施退化土地治理法律法规。建立稳定的投入机制，加大对土地退化防治的资金投入，完善金融扶持和税收优惠等政策，引导企业、个人等社会资金积极投入退化土地治理事业。四是实施生态工程跟踪监测，为水土保持与生态建设科学决策提供依据。

（三）甘肃省

甘肃省地处中国西北地区，东通陕西省，南瞰四川省、青海省，西达新疆维吾尔自治区，北扼宁夏回族自治区、内蒙古自治区，西北端与蒙古国接壤，境内为黄土高原、青藏高原和内蒙古高原三大高原的交汇地带，气候类型多样，从南向北包括了亚热带季风气候、温带季风气候、温带大陆性气候和高山高原气候四大气候类型。境内大部分地区气候干燥，干旱、半干旱地区占土地总面积的75%。

甘肃省积极推进土地退化防治与林业产业、农民生计相结合。以敦煌、靖远、崆峒、武都四个地区为例，敦煌推广红枣标准化栽培技术和李广杏密植栽培技术，探索林下经济与循环经济（种植、养殖、种植绿肥）相结合的可持续发展之路，不断加快土地沙化治理、生态恢复、应对气候变化的能力建设。靖远开展土肥水管理、病虫害防治、林下耕作和除草、监测方法及指标确定、电商技术应用等方面培训，发放培训资料。对枣园进行提质增效建设，选出示范户，发放采购的生物有机肥、微耕机。崆峒利用科学合理的土地管理办法和修复技术，增加植被，改善农民生计及应对气候变化的可持续土地等实践探索活动，并为相似类型区提供实践经验。武都围绕恢复退化耕地、农村生计、农产品质量安全和可持续发展等问题，建立示范基地，带动周边社区发展。

（四）青海省

青海省地处青藏高原腹地，自然条件差，土地容量小，发展空间狭窄，是一个典型的干旱、半干旱地区。由于长期受气候变暖和人类活动的影响，湿地面积萎缩、风蚀面积增加、草原生态恶化、荒漠生态扩大、水土流失加剧、水旱灾害频发、损失逐年增大、生态灾民增多。作为荒漠化危害最严重的省份之一，青海正在成为一个土地退化的大省（韩晓军和韩永荣，2012）。

我国国家公园的建立，面临着国情特殊、现行保护地多头管理、保护利用压力大等问题，三江源国家公园作为我国第一个国家公园试点，从一定意义上不仅改变了现有"九龙治水"的局面，还通过其他国家的建设经验，找到了适合自身的改革方案，处理并解决好自然资源所有权与行政管理权的关系，资源保护与经济发展的关系，不同政府部门间的关系，管理者和经营者的关系，国家公园管理机构和民间团体、社区居民的关系等。海拔高、地广人稀、生态保护建设任务繁重、产业支撑能力弱、多民族聚居等区情决定了三江源区城镇化仍面临特殊制约因素。在生态保护优先的前提下，三江源区通过建立健全生态补偿机制，走迁移-聚集型城乡一体新型生态城镇的发展路子，发挥生态环境修复、重建和城镇化耦合的正效应。同时推进三江源区一二三产业融合发展，建设三江源区经济增长和绿色集聚基地。依托生态旅游业发展，促进资源的梯次开发、重复利用和废物的低度甚至零排放，为培育三江源区内相关绿色产业链奠定基础。因地制宜地发展资源环境可承载的生态产业来解决农牧民的生存和发展问题，同时积极改善公共服务条件和完善基础设施来强化社会管理与服务。

（五）四川省

四川省位于青藏高原东缘山地和群山环绕的四川盆地，全境以山地为主，高原及丘陵次之，平原极少。人口和耕地大部分集中在丘陵和平原地区，形成了四川省人均耕地紧缺的基本省情。

为进一步推进中国西部可持续土地管理，我国财政部、国家林业局和亚洲开发银行决定共同推动中国-全球环境基金干旱生态系统土地退化防治伙伴关系深入发展，在此背景下，中央投资项目协调领导小组办公室和执行办公室在全球环境基金第五增资期积极与全球环境基金和亚洲开发银行沟通，规划设计了"中国西部适应气候变化的可持续土地管理项目"，四川省是该项目的实施区域。长期以来，四川省都在积极探索土地退化防治的有效途径，并积累了一些治理经验。全球环境基金四川项目筠连县和华蓥市这两个创新点经过近两年的建设实践取得了一些成功经验。通过生态治理，改善土地退化现状，探索可持续土地管理与生计可持续恢复模式，发展适宜当地社区的生态产业，促进项目区经济可持续发展。推广示范绿色发展经营模式，为全省土地退化地区经济发展提供可学习、可推广、可复制的样板。采用"公司+专业合作社+农户"形式，通过公司、专业合作社、农户自筹资金或投劳折资等多种投入方式，积极开展林下种养殖项目。此外，通过项目的实施，使可持续土地管理理念及方法在四川省级部门的政策制订和决策中被广泛应用。

（六）贵州省

贵州省地处西南，境内地势西高东低，自中部向北、东、南三面倾斜，是世界三大喀斯特地貌分布的几何中心，全省喀斯特地貌面积 13 万 km^2，占全省总面积的 73.8%；全省 87 个县（市、区）中，有喀斯特地貌分布的县（市、区）达 83 个，占全省县（市、区）的 95%，全省 91.7% 的耕地、85.3% 的农业人口、94% 的粮食产量、95.7% 的国民生产总值来自于喀斯特地貌分布地区，喀斯特地貌成为贵州省地貌的最大特征（李英勤，2006）。

喀斯特石漠化地区人多地少是主要矛盾，尽量减少人口对土地的压力是遏制石漠化发展的有效措施，贵州省近年来有计划地组织劳务输出，适度开展易地扶贫搬迁。对于生态区位重要、岩石裸露面积大、水资源缺乏、土壤生产力低下、不适宜于人类居住的区域，适当安排易地扶贫搬迁，改善其生存和发展环境。加快农村薪材替代能源建设，重点发展可再生能源。在石漠化地区加强农村可再生能源建设，以户用沼气池和太阳能建设为重点，适度发展节柴灶、薪炭林和小型水电等农村能源建设，降低喀斯特石漠化区域对薪材的依赖，促进岩溶地区林草植被的生态修复。在石漠化治理过程中注重调整产业结构，积极发展低碳经济，调整能源结构，开发水能等可再生能源，节约能源消费，种植牧草，提高草地质量，发展以舍饲为主的畜牧业。同时提高耕地的利用效率，并加强退耕还林还草，加快生态修复和治理，达到石漠化治理的目的。

第三节 土地退化防治的主要经验

经过多年来的发展，西部地区已经初步建立了较为完备的土地退化防治制度与政策体系框架，积累了丰富的实践经验。这些经验对我国乃至世界的土地退化防治，都具有重要的指导和借鉴意义。

一、综合运用制度与政策手段推进可持续土地管理

在土地退化治理过程中，西部各省（自治区）采用具有灵活性、实时性特点的经济、科技、教育、行政、法律手段，以及具有长期性、根本性特点的制度与政策机制推进土地退化防治实践。通过可持续土地管理等相关理论的宣传推广，西部各省（自治区）各级政府也越来越重视综合运用制度与政策手段，综合发挥二者各自优势，在实施土地退化防治制度与政策制定过程中得到运用。此外，地方政府因地制宜，结合本地土地退化实际情况，综合运用制度与政策机制，确定地方土地退化治理重点，基本形成了上下配套的土地退化防治与可持续土地管理体系框架。

二、建立土地退化防治责任制和协调机制

西部各省（自治区）土地退化防治工作取得一定成效的关键之一就是建立了以土地退化防治为重要内容的生态责任制。具体而言，通过制度与政策，将各级地方政府对本辖区土地退化情况负责、各部门对本行业和本系统相关的土地退化情况负责的责任制落到实处，明确了资源开发单位、法人的生态环境保护责任，建立了以土地退化防治为重要内容的生态资源保护与建设审计制度，确保投入与产出的合理性，保证了生态效益、经济效益和社会效益的统一。此外，各级政府与有关部门协调，建立了行之有效的土地退化防治协调机制。以全球环境基金项目为例，在政府主要负责人领导下，林业、发展和改革委员会、农业、水利、自然资源、生态环境保护与建设等部门在各自职权内加强对土地、草原、水资源与水环境、农村环境的规划管理，在某种程度上避免了重复管理与管理空白，提高

了效率。

三、纳入经济社会发展规划，建立综合决策机制

中国数十年的生态建设工作经验证明，生态建设措施必须与当地经济社会战略结合起来才能发挥作用，脱离社会经济背景的单纯生态建设措施很难行得通。西部各省（自治区）在推进土地退化防治与实行可持续土地管理过程中，始终将土地退化防治工作纳入当地经济社会发展规划，建立了退化土地治理、生态保护修复及社会经济协同发展的综合决策机制。同时，也因将土地退化防治纳入经济社会及其他方面，在全社会层面建立了土地退化防治工作的资金保障机制，为土地退化防治的可持续性奠定了基础。

四、将多元化参与机制引入土地退化防治工作

土地退化防治与社会经济相结合的一个重要途径就是引入多元化参与机制，以增强土地退化防治的活力，为资金支持提供更加坚实的基础。例如，在中国-全球环境基金干旱生态系统土地退化防治伙伴关系项目的实施过程中，全面推行多方参与的土地退化防治机制，将包括组织、企业、个人等在内的多元化参与机制引入土地退化防治工作，注重解决西部土地退化的生态、经济和社会多方面问题，从而达到防止和遏制干旱地区生态系统的土地退化、促进西部地区的可持续发展和保护全球环境的总体目标。

五、创新可持续土地管理理念

为适应土地退化防治的新需求，综合生态系统管理、可持续土地管理等一系列内涵丰富的新理念相继诞生。西部六省（自治区）在治理土地退化过程中，充分运用可持续土地管理等理念，克服了过去单纯从某个地域的一个或几个生态系统考量土地资源管理的局限，提高了土地资源利用的效率和潜力，降低了不合理土地利用方式对生态环境的载荷，推动了实现可持续发展理念在土地资源管理领域的互补与提升。此外，土地退化治理涉及多个政府部门，既需要高度的科学技术手段，也需要完善的管理制度、体制、机制政策手段，西部各省（自治区）将可持续土地管理理念引入土地退化防治领域，在满足不同利益群体需求的前提下，实现了多目标土地资源的可持续利用，具有较强的复制性、推广性。

第四章 西部土地退化防治制度与政策分析

我国西部地区土地退化十分严重。针对中国西部土地退化区域，中央和地方都出台了很多土地退化防治的制度与政策措施，实施了很多土地退化防治相关的工程和项目，投入了大量的资金、人力和物力，取得了很大的成就，也开展了很多中国经验与实践的国际分享研究（Hannam，2008；中国-全球干旱地区土地退化评估项目，2008；中国-全球环境基金干旱生态系统土地退化防治伙伴关系项目组，2012；李周等，2014）。

新制度经济学认为，任何一种制度都不是完美的（董嫚嫚，2012），制度自身的不完善，是制度失灵的一个重要原因（彭光细，2014），因此这些土地退化防治制度与政策在实施过程中也出现了各种各样的问题。可惜的是，以往土地退化防治领域的研究都集中在土地退化问题、成因与防治对策上，很少有针对土地退化防治制度与政策问题进行科学的识别和诊断，并缺乏系统的归纳分析，而这些问题的根源就更少被提及和进一步深究。

因此，本章旨在通过文献研究、农村快速评估（rapid rural appraisal，RRA）、与利益相关者访谈等方法来对西部土地退化防治制度与政策实施过程中存在的问题进行系统的归纳分析，并探寻问题的根源。这将有利于结合新时代社会主义生态文明建设的新思想、新理念和新要求，贯彻全国生态环境大会精神，构建和完善中国特色的土地退化防治制度与政策体系。

第一节 研究方法

一、文献研究法

文献研究法主要是指搜集、鉴别、整理文献，并通过对文献的研究形成对事实科学认识的方法。文献研究法是一种古老而又富有生命力的科学研究方法（杜晓利，2013）。文献研究法超越了时间、空间限制，通过对古今中外文献进行调查，可以研究极其广泛的社会情况，这一优点是其他调查方法不可能具有的。其作用有：①能了解有关问题的历史和现状；②能形成关于研究对象的一般印象，有助于观察和访问；③能得到现实资料的比较资料；④有助于了解事物的全貌。

本章采用的方法主要涉及土地退化防治制度与政策问题的文献调查，包括国内相关制度与政策措施有哪些，实施过程中存在什么问题，尤其是西部土地退化严重地区在实践过程中的问题；还包括国外有关国家以及国内其他地区在实施土地退化防治过程中的制度与政策问题，以进行比较、说明和借鉴，因此本章为了说明问题也会涉及国外和国内其他地区的一些文献资料。本章还运用文献研究或调查法来收集实地调查点的基础资料和信息，有利于研究人员在开展实地调查之前对研究对象有一个大概的了解。

二、农村快速评估法

农村快速评估法是一种为在有限的时间内，尽可能合理地收集资料而设计的调查方法。由不同学科人员组成的调查组，综合运用多种技术和调查方法进行资料收集与分析，在掌握基本背景资料的基础上，通过与当地社区农户进行开放式的交谈和实地观察，及时、准确地进行问题识别和诊断。在调查中，调查人员不是以主角，而是以学习者、召集者和鼓励者的身份出现（赖庆奎，2005）。该方法已经广泛应用于探索、认识和分析农村社会经济状况与问题，并用于农村发展项目和政策的设计、监督与评估。在项目和政策实施中，农村快速评估法还是一种了解项目和政策执行状况的有效工具，可以发现并诊断实施过程中出现的具体问题。

本研究主要选取西部土地退化比较严重的 3 个省（自治区）——内蒙古自治区、陕西省和甘肃省进行实地调研，而且每个省（自治区）选取 1~2 个项目示范点（表 4-1）进行实地考察和快速评估。

表 4-1　本研究实地考察点

省（自治区）	所在县（市）	示范点
内蒙古	和林格尔县	白彦兔村
陕西	礼泉县	东坪村
甘肃	靖远县	小口村
	敦煌市	新店台村

三、利益相关者访谈法

在自然资源与环境管理领域，利益相关者或利益相关群体为任何一群人（有组织的或没有组织的）在某一特定的问题或系统里享有一致的兴趣或利益（Grimble and Wellard，1997）。他们是某一决策所牵涉的个体或某一群体的代表，包括能够决定和影响决策或受该决策影响（不管是正面或负面）的人们（Hemmati，2002）。也是从他们自己的立场看待所关注的资源中有真正的物质利益的人们（Jiggins and Collins，2004）。

针对利益相关者进行座谈或者访谈，有利于研究人员了解他们所关心的问题或者诉求的差异，以及对政策的不同观点和看法，帮助研究者进一步识别和诊断问题，以及深入了解有关问题对他们的不同影响。本研究重点涉及的利益相关者包括项目管理部门、林业主管部门、林业推广部门、林业监测部门、农业主管部门、水利主管部门、示范点社区干部、示范点村民代表等。

第二节 西部土地退化防治制度与政策存在的问题

一、缺乏统一、协调，未建立长效治理机制

过去，土地退化防治制度与政策多数是在问题突发下紧急出台的，以各个部门主导，缺乏协调性（孙志燕和高世楫，2007）。治理政策与其他政策之间，以及不同生态要素政策之间的统一协调问题，仍是西部土地退化防治制度与政策执行过程中存在的重要问题。尽管当前已出台了一系列针对西部土地退化防治的政策措施，但仍缺乏一个统筹区域整体推进土地退化防治与生态保护修复的战略框架。总体战略框架的缺失，使得当前西部乃至全国土地退化防治各个方面的目标不能很好地协调和统一，这无疑会制约西部可持续土地管理发展模式的建立。此外，目前西部土地退化防治取得的成就主要来自外界大量资本的投入，而不是本地技术水平提升和区域人力资本积累等内部动力。一旦国家减少对西部地区的转移支付力度和政策倾斜程度，西部地区当前的治理工作将难以为继，且国内包括林业建设在内的众多生态环境建设多以工程的形式推进，生态建设缺乏长期性、稳定性与可持续性的设计。

专栏 4-1　长远规划与跨部门协同问题

锡林郭勒盟自 2000 年沙源治理工程启动以来，治沙工作取得了阶段性进展，但是在今后相当长的时期内如何继续巩固和扩大治沙成果仍是一个不能回避的课题。锡林郭勒盟境内荒漠化地区主要是浑善达克沙地。该沙地位于正蓝

> 旗北部，被称为"京津沙尘暴"的源头。2000年以来，国家和地方政府通过实施京津风沙源治理项目、国家草原生态保护补助奖励等一系列措施，该盟在沙漠化治理方面取得了一定的成就和经验。但同时也应看到，锡林郭勒盟草原生态环境不容乐观，在今后荒漠化治理中仍面临着不少困难。其中包括治理的可持续性等突出问题。
>
> 由于历史的或其他主客观方面的原因，前期荒漠化治理方案缺乏长远规划，特别是一些地区各阶段的治沙规划缺乏科学衔接，给目前荒漠化治理的可持续性带来了一定的障碍。荒漠化治理作为一项长期的、综合的复合型的系统工程，一旦不能稳步推进就会导致阶段性反复。特别是在规划方面，不仅需要国家和地方政府的配合，更需要地方相关政府各部门之间的协调配合，特别是一些职能部门在这一问题上认识不到位，不能及时发现问题，难以因地制宜出台有针对性的长远规划。这种"各扫门前雪"的做法，导致项目与项目之间的衔接往往做得不到位，使有些政府部门荒漠化治理整体力量分散，不利于治理荒漠化下一阶段工作的整体开展。

二、部分制度与政策缺乏充足的科学依据

科技部门在政策制定前期的参与不够，生态服务功能评估等成果在防治治理、资源开发、生态保护实践中还没有得到很好的应用，对政策、措施的适宜性缺乏科学判断，还存在违背一定规律的生态建设行为（王闰平和陈凯，2006）。主要表现在部分目标设置不合理，如《西部大开发"十二五"规划》第二章第六节确立了主要目标要求，2011~2015年，西部地区的区域经济增速和城乡居民收入增速均高于全国平均水平。然而，根据《国家主体功能区规划》，西部地区77%的土地属于禁止或限制开发区，大规模、高强度的工业化和城镇化的活动在限制开发区是受限的，同时，任何一种工业化和城镇化发展在禁止开发区是禁止的。更高的社会经济发展目标与平均经济收入增长率目标，给地方官员造成很大的压力，这可能使该区经济发展与主体功能区划的意图相冲突。对于与主体功能区规划不相容目标的协调仍然需要指导，并做出调整。如果限制或禁止部分地区的发展机会，同时又设置西部地区"双高于"的社会经济发展目标，无疑是不合理的。

三、生态补偿政策不到位、缺乏实施架构

地方层面的生态补偿政策和措施需要进一步完善和整合，在实践中还需要加强财政补偿和市场补偿的综合运用，生态补偿标准需要细化，综合考虑机会成本、

治理成本、补偿意愿、生态系统服务价值等确定补偿标准，目前实行的生态补偿政策缺乏长效的补偿机制，导致重建设、轻管护。此外，在西部土地退化防治过程中，生态补偿与生产补贴等通常捆绑在一起，由于缺乏细则，也尚未建立评价机制，在一定程度上生态补偿实际上变成了生活补贴，补偿目的并不明确。而且，由于不同区域的土地退化状况和人口分布差异问题，执行单一化的生态补奖标准，不同区域间生态系统服务供需矛盾更加突出。以草原领域为例，自2011年开始实施草原生态补奖机制以来，补奖标准并没有随着物价水平上涨而调整，客观上降低了补奖机制中的补奖效果。因此，地方现行有关生态补偿政策从概念到实施都不完善，有待提升。

专栏4-2　生态补偿机制问题

我国还有许多方面都需要生态补偿机制，如土地退化地区过度开垦导致的水土流失和沙漠化问题，草原过度放牧或过度耕种带来的风沙问题，以及自然保护区的保护问题等。虽然已有许多政策措施，但没能从机制上解决生态价值补偿问题，即使一些地方的保护与发展关系得到协调，也还有许多不稳定因素影响可持续发展。这正是人们纷纷呼吁解决生态补偿机制问题的原因。生态补偿真正付诸实施，还面临不少问题。例如，生态补偿机制的具体内容和建立的基本环节是什么；生态补偿的定量分析尚难完成，制订各地区域生态保护标准比较困难；生态补偿立法远远落后于生态问题出现和生态管理的发展速度，许多新的管理和补偿模式没有相应的法律法规给予肯定和支持，一些重要法规对生态保护和补偿的规范不到位，使土地利用、自然资源开发等具体补偿工作缺乏依据等。生态补偿涉及公共管理的许多层面和领域，关系复杂，头绪繁多。生态系统服务功能价值如何评估，生态环境保护的公共财政体制如何制定，流域生态如何补偿，重要生态功能区的保护与建设怎样进行，都需要采取措施加以解决。

四、财政政策不完善、未建立长期而稳定的资金渠道

多年来，中央政府通过一系列国家政策给予西部地区财政优先权，其中土地退化防治的财政大都是通过中央财政直接投资、转移支付、生态保护和工程建设项目以及税收优惠来提供的。这些财政优先权主要在荒漠化、石漠化、水土流失综合治理、湿地保护等方面发挥了积极作用。然而，目前的财政激励政策也存在一些问题，阻碍了区域治理进程，主要表现在以下四个方面：一是财政扶持额度与地方土地退化防治责任不协调，一些地方对治理活动承担了更多的责任，但却

得不到中央政府更多的财政资金。这无疑是导致土地退化防治责任难以确定的主要原因。二是旨在平衡区域财政水平的转移支付制度还不健全。三是鉴于西部地区诸多特殊性，税收优惠覆盖范围窄、门槛高，尚不能惠及大多数企业。四是税收收入划分方面，中央与地方政府采用统一的税收比例，其结果导致贫困地区税收收入减少，这也意味着只能从中央政府得到较少扶持。

专栏4-3　土地退化防治财政政策问题

生态环境的公共物品特征决定了财政支持的必要性。长期以来，国家财政部门从政策、制度、财力多方面出台措施，加大对西部土地退化地区的扶持力度，效果非常明显。但必须看到，当前我国的土地退化形势依然严峻，财政支持的政策仍不适应生态文明建设的要求。

鉴于当前我国土地退化的严峻形势，可持续土地退化防治已成为我国最大的民生问题，加强政府财政投入迫在眉睫。一是财政部门虽然已经设立了多种专项资金，但资金使用效益低，缺乏整合的、统一的、具有一定资金规模的节能减排发展土地退化防治专项资金。二是土地退化防治目前没有建立专门的预算科目。通过政府预算安排支出是筹集土地退化防治资金的重要手段，为了保证投入有持续、稳定的资金来源，预算科目的设置必不可少。三是虽然目前的科目设置已有了"环境保护"大类，但涵盖内容仍偏窄。四是缺乏建立中央和地方多级共同投入的机制。支持土地退化防治需要中央与地方政府联动，形成各级财政、各个主管部门共同投入的机制；同时，财政投入应与各级政府在税收、金融、价格等方面的扶持政策协调一致，以求形成合力。五是缺乏差异化财政政策。我国地域广阔，自然条件千差万别，地区间发展不平衡，地方财力差异较大，这是我国区域发展的一个基本现实特征。而土地退化防治对宏观全局利益的影响和地方局部利益的影响具有鲜明的反差，在宏观全局利益层面，土地退化防治产生的生态环保的综合经济社会效应更大；在地方局部利益层面，土地退化防治往往会影响某地经济，地方的经济利益会受到损失。因此，实现土地退化防治宏观全局利益和地方局部利益的均衡，需要将土地退化因素纳入财政转移支付范畴，构建政府间生态转移支付制度。

五、区域制度与政策缺乏差异性

中国巨大的区域差异决定了其必须结合各地区实际，制定差异化的区域发展战略。对于西部地区而言，推行行之有效的土地退化防治制度与政策的关键在于其对于区域差异性的体现。西部不同地区和社会群体间经济社会发展不平衡现象明显，与中国的其他地区相比，西部地区的贫困问题更加严重。统计显示，即使近年来西部地区经济发展增速明显，但其与东部地区在居民人均收入水平上的差距仍在进一步扩大。据统计，2013年全国大约63.34%的贫困县和一半以上的生态脆弱县位于西部地区。且西部土地退化类型包括荒漠化、石漠化、水土流失等多种类型，因此，突破西部土地退化防治制度与政策机制障碍还是需要充分考虑西部地区土地退化及区域分异明显的特点，因地制宜，统筹区域土地治理政策制度的需求和限制，识别和创造构建制度框架与政策机制的条件和机遇，实现从观念到实际做法的转变。

六、社会包容与扶贫多元化考虑不足

政策的包容性，即要消除一切因社会排他性所带来的区域发展不利因素。西部地区不但土地退化现象严重，而且低文化程度群体和少数民族群体的贫困问题突出，这些人群的教育水平普遍较低，参与土地退化防治活动的能力相对有限。虽然中国政府已经采取了许多措施来解决这些问题，并取得了一定的进展，但是在现有扶贫措施的有效落实上仍然存在许多社会、经济、环境方面的挑战。西部地区生态环境脆弱，限制或禁止开发区所占比例过大使得其社会经济活动范围有限。对耕地和草地的开发限制，阻断了农牧民大面积耕种和放牧的增收渠道。排污等环保指标的定额，也在一定程度上限制了部分有一定经济效益的地方产业的发展，进而造成了一些"绿色贫困"人口。如果西部地区制定土地退化防治制度与政策过程中不能始终坚持社会包容，即将社会和人力资本与经济和自然资本放在同等重要的位置，那么西部地区的土地治理进程将持续缓慢。此外，还会严重制约西部地区土地退化防治的整体水平，并会极大地威胁社会安定团结。

七、制度与政策的后续评估监督机制还需健全

有效的监测和评估体系对于及时了解和跟踪区域土地退化防治进程至关重要。目前，我国西部土地退化防治的组织形式主要有政府推动型、企业化治理型和个体承包型。政府推动型的运作大多属于责权利不明确的推进模式，往往是前期搞得轰轰烈烈，后期的管理和维护跟不上。土地退化防治政策实施效果评估还没有引起高度重视，选取的指标也不尽合理，对其他生态环境指标和社会经济指标考虑较少，政策评估的反馈环节也还较薄弱，政策评估的结果在制定新的政策中还没有得到充分体现。此外，西部各省（自治区）在构建土地退化防治监测和评估体系方面已做了大量的工作，评估结果也已广泛应用到政府工作报告和官员

政绩考核中。然而，由于各部委间统计口径的差异以及彼此间数据共享系统的缺失，一个统一的政策评估体系始终没能建立起来。

八、重要性认识不到位，配合执行不力

西部地区的土地退化虽然与全球气候变暖的温室效应有关，更与人类自身思想认识有关。以祁连山环境问题为例，祁连山国家级自然保护区违法违规开发矿产资源问题严重，生态环境问题突出。问题的产生，虽然有体制、机制、政策等方面的原因，但本质上还是地方政府思想认识有偏差，甚至在立法层面为破坏生态行为"放水"，《甘肃祁连山国家级自然保护区管理条例》历经三次修正，部分规定始终与《中华人民共和国自然保护区条例》不一致。在这个问题上，反映了地方政府没有站在政治和全局的高度深刻认识祁连山生态环境保护的重要性。因此，针对土地退化防治的制度、政策，各级地方政府必须足够重视，思想认识到位，积极配合，推进制度与政策实施。

九、社会主体参与不够

西部地区的土地退化防治是一项系统的工程，防治面广、防治难度大、具有社会公益性质，国家应作为投资的主体，加大转移支付的力度。而个人和企业治理退化土地都较好地解决了责权利的问题，特别是企业化运作具有形成生态产业的优势。企业可以同时开发上万亩的荒山、沙漠，治理规模大，持续时间长，可以使西部地区的林果、林草业取得突破。企业运作型比个人承包型的资金、技术和市场营销能力强，比政府推动型的开发模式更为规范。因此，在西部地区的土地退化防治中，国家应将公益型防治转向利益型防治，鼓励社会力量投入到防治活动中来。但据统计，企业和个人参与治理的积极性并不太高。尽管中央和地方政府出台了不少的优惠政策，但收效不大。许多参与治沙治荒的民营企业家参与意愿较低，原因主要是治理活动审批程序复杂，治理的门槛太高、回收周期长。

第三节　制度与政策机制产生问题的根源分析

一、概念上的根源：土地退化释义不同

目前，国内外对土地退化还没有形成一个统一的定义。近年来，国际上常用

"土壤退化"一词来代替土地退化，主要是因为土地退化的基本内涵与变化过程通过土壤退化反映（格日乐和姚云峰，1998）。但国内学者有不同的意见，张绪良（2000）认为土地退化亦称土地荒漠化，也有学者称之为"荒漠化/土地退化"（朱震达等，1996），将土地退化等同于土地荒漠化；大多数学者认为土地退化包含荒漠化。

土地退化释义的多样性导致社会对土地退化理念出现偏差，进而部门管理出现交叉、空白。我国政府历来十分重视土地退化防治工作。20世纪90年代以来，先后成立全国水资源与水土保持工作领导小组和中国防治荒漠化协调小组。1994年，为适应履约的需要专门成立了中国防治荒漠化协调小组（对外称"《联合国防治荒漠化公约》中国执行委员会"）。目前，参加中国防治荒漠化协调小组的19个部、委、办、行、局，其主管业务虽然都与土地退化防治有关，但按关联程度却有远近之分，相关责任也有大小之别。由于参加单位的职责不明确，每次参会多为做客心态，如果今后还不明确划分职责，各参加部门会逐渐趋向消极、冷漠，这显然不利于土地退化防治行动的开展。由此可见，单靠成立一些新机构不仅解决不了根本问题，只能增加内耗和扯皮，更难协调。

二、发展上的根源：社会发展和土地变化的阶段性

改革开放以来，西部土地退化防治缓慢，其与国家所处的历史阶段存在密切联系。中华人民共和国成立后，中国经济建设的技术水平较低，以从事简单的加工制造为主，对劳动力资源和环境资源投入的需求较大。此时，中国经过长期的经济停滞，恰恰拥有较好的资源、环境条件。充足的环境资源作为生产要素投入经济生产，可获得显著的边际产出，这反过来助长了社会对自然资源投入的依赖，固化了自然资源投入换取经济发展的思想。土地资源的耐受性和自净能力使得环境污染具有累积性和迟发性特征。

可是，随着土地承载力日臻极限，土地红利的边际经济收益正在锐减，而土地破坏的效应逐步凸显。进入21世纪，中国政府采取了一系列举措推动土地退化防治。然而，从发达国家的经验来看，土地退化防治体系的建立与完善大多经历了曲折反复的过程，绝非一蹴而就。中国的土地退化防治事业从发展初期就受到世界政治经济局势的影响，作为一个发展中国家，拥有比发达国家更狭小的回旋余地，却面临比发达国家相同历史阶段更高的发展目标，即责任大、空间小、目标严，极大地提高了中国土地退化防治制度与政策体系构建的难度，使得21世纪以来西部的土地退化防治体系发展依然不尽如人意。

三、体制上的根源：职能的横向配置不合理

首先，以促增长为主要职责的政府体制使土地退化防治往往让位于经济增长。在这种观念和制度导向下，反映在体制安排上，则是林业等有关治理部门的授权及能力有限，在政府各部门职能配置中，林业部门长期以来不是政府组成部门，处在明显的弱势地位，难以形成系统的体制机制。

其次，土地退化防治相关职能的横向配置不合理。土地退化防治的职能分散在各个部门，存在职能分散、交叉、缺位和责权不清等问题，难以形成防治与监管合力，导致相关的治理法律制度部门化和碎片化现象突出。

最后，中央和地方事权划分不清。土地退化防治问题上，缺乏中央监督地方以及解决跨行政区域问题的体制安排。中央政府有关部门对地方政府及其有关部门基本上是业务指导关系。过去几年，中央政府有关部门采取了多项措施落实国务院制定和颁布的相关政策，但由于种种原因，这些制度难以真正发挥应有的作用，中央难以获得真实数据，目标责任制容易"走过场"。

四、机制上的根源：监督考核与奖励机制不健全

一是针对党政决策者的监督考核机制不健全。唯 GDP 的政绩考核机制长期普遍存在，土地退化和生态效应尚未充分纳入经济社会发展评价体系，各级党委、政府的绩效考核体系中土地退化防治占比过低。这导致地方政府缺乏足够责任感，不作为和行政干预等现象长期存在。

二是促进政府与市场主体、公众良好分工的机制存在缺位，政府、市场和公众的关系有待厘清。虽然各方逐步认识到市场机制在土地退化防治中的作用，开始使用经济手段来治理退化土地。但由于针对治理行为者的激励机制不足，治理者缺乏积极性，多元化参与土地退化防治体系尚未形成。此外，公民权利也尚未在法律中得到充分体现，且缺乏有效的制度保障。同时，政府、企业与社会公众有效沟通和协商机制仍未形成，公众和舆论参与土地退化监督的制度有待加强。

三是部分现行制度设计不合理，执行不到位。治理成本高、违法成本低、监督机制不完善等问题在很多省（自治区）土地退化防治制度实施中仍普遍存在，难以适应当前土地退化防治的需要。现行法律、规定在基层难以有效执行，无法形成对违法行为的威慑力。

五、思想上的根源：处理经济发展与土地退化防治关系指导思想上的偏差

一是经济发展收益大于土地退化防治成本。在贫穷落后和环境承载力强的背景下发展经济，其结果必然是短期内的经济发展收益远远超出土地退化防治成本，这一短期内的现象强化了全社会对于"先污染、后治理"合理性的认同。然而，用这种基于短期发展效果形成的发展思想指导长期的发展行为，将造成长期的土地破坏。中国事实上已经进入土地退化与污染的高发期，土地、土壤质量退化，公众健康和生态环境受到损害，产生巨额的治理、损害和修复成本。目前，中国已经出台一些强调土地修复治理与保护优先的制度措施，但依然局限于一些具体的管理手段，而在土地与经济发展战略以及多主体参与治理等长期的制度建设上缺乏系统化、前瞻性和整体协调性的安排。

二是当前经济收益重于未来治理成本。当未来的土地治理成本让位于当前的经济收益时，产生的环境红利收益具有即时性、短期性和私有性，而损害则具有滞后性、长期性和公共性。当前社会竞争激烈，相当一部分地方政府、企业和公众普遍存在急功近利的思想，在土地退化问题上反映十分明显。利益的短期性、私有性和损害的公共性、滞后性，使得大多数社会成员不愿意为了减轻将来甚至子孙后代的损害而放弃对当前环境红利的追求。

通过文献和实地调查，本研究认为我国西部土地退化防治制度与政策存在缺乏长效治理机制，制度与政策科学性不足，生态补偿政策不到位，财政政策不完善，制度与政策缺乏异质性，社会包容与扶贫多元化不足，缺乏评估监督机制，认知与执行力弱和社会参与不够九大问题；以及概念上、发展阶段上、体制上、机制上和思想上的五大问题根源。

我国土地退化防治等事业目前迎来了难得的历史机遇，因为生态环境问题在我国得到了前所未有的重视，尤其是在新时代社会主义生态文明建设的大背景下，相关部门结合国家扶贫、西部大开发和现代化战略需求，制定了更加灵活和系统的土地退化防治制度与政策。目前我国土地退化防治制度与政策上的问题希望能通过此次国家机构改革得到妥善处理。同时结合国际可持续发展目标，履约、"一带一路"等制定的相应国家政策，甚至在国际层面提供中国方案，发出更多的中国声音和分享更多的中国故事。

第五章　国外土地退化防治实践

近年来，世界各国非常重视可持续土地管理，都在积极研究和不断探索土地退化防治的相关对策与措施，积累了不少的成功经验，并形成了不同类型的防治实践模式。本章对国外典型国家可持续土地管理的相关法律法规、制度、政策及成功经验等进行总结梳理，以期对我国构建可持续土地管理制度框架与政策机制提供有益借鉴。

第一节　不同类型土地退化防治模式

为了保护人类自己的家园，加快防治荒漠化已成为世界各国共同的使命，更成为国际科学研究的前沿领域。各国在不断探索的过程中形成了不同类型的土地退化防治模式，各具特色。

一、政府主导模式

美国荒漠化程度曾经十分严重，荒漠化面积达 80 万 km^2，主要分布在美国西部，约占全美土地总面积的 37%。20 世纪 30 年代发生大范围"黑风暴"以来，针对土地退化等一系列环境问题，美国政府制定了生态效益优先的基本战略，通过改善生态环境质量以提升社会效益和经济效益。防治土地退化得到了美国政府相关部门的高度重视，政府鼓励私有土地者种草植树，并在技术、设备、资金上予以大力支持。这些政策和措施有力地促进了美国土地的合理利用，有效地遏制了土地荒漠化的急速扩展。

德国号召回归自然，1965 年开始大规模兴建海岸防风固沙林等林业生态工程。造林款由国家补贴（阔叶树 85%，针叶树 15%），免征林业产品税，只征 5% 的特产税（低于农业的 8%），国有林经营费用 40%～60% 由政府拨款。这些举措极大限度地调动了农牧民造林的积极性，促进了陆地生态系统的恢复。

二、科技主导模式

印度在治理荒漠化方面也取得了明显成效。其特点是善于利用科技手段进行可持续土地管理。印度于 1996 年发射 IRS-P3 遥感卫星,用于监测洪水灾害、作物生长、荒漠化情况等(庞之浩和安嘉欣,1997)。近年来,印度还利用卫星遥感编制了荒漠化发生发展系列图,基本掌握了不同土地利用体系下土壤侵蚀过程及侵蚀程度。此外,印度开发了一系列固定流沙的技术,如建立防风固沙林带,即沿大风风向,垂直营造多层次的由高大乔木和低矮灌木、灌丛组成的林带,建立起绿色屏障,以减缓风速,减低风力,抵御风沙。印度西部干旱严重的拉贾斯坦邦已治理和固定流沙地 10 万 hm^2,既维持了生态平衡,又改造了大片流沙地,达到了可持续土地利用与环境保护的双重目的。

以色列的荒漠化面积占其国土总面积的 75%,他们采用高技术、高投入战略,合理开发利用有限的水土资源,创造出了高产出、高效益的辉煌成就。为了提高荒漠地区的产出,科技人员大力研究开发适合本地种植的植物资源。特别是 20 世纪 70 年代研究开发和推广使用的滴灌技术与设备,为灌溉农业的可持续发展及干旱土地荒漠化防治起到了重要的推动作用(刘辉,2001)。目前,以色列的农产品和植物开发研究技术处于国际领先水平,保证了农牧林产品的优质化、多样化。其产品在欧洲占据很大市场份额,取得了高额回报,进而使荒漠化的治理和开发得到了有机结合,并保持在良性循环的发展轨道。

三、工程主导模式

埃及位于非洲的东北部,沙漠面积占全境面积的 90%以上。虽然埃及政府一直注重治沙造田,但人口增长速度远远超过土地开垦速度。截至 1998 年,埃及人口已猛增到 6300 万人,人均耕地不足 1 亩,粮食自给难以维持。面对严峻现实,埃及政府加快了治理沙漠的步伐,提出了向沙漠要生命权和生存权的理念,喊出了"走出旧河谷,开发新天地"的战略口号。近几十年来,埃及政府先后实施了几个较大的治沙项目,如在 1979 年启动了"和平渠"工程,即把尼罗河下游的河水跨越苏伊士运河向东引至西奈半岛,把那里的不毛之地治理成肥沃良田。20 世纪 80 年代后期启动的从首都开罗至地中海海滨城市亚历山大的沙漠公路治理和综合开发工程,已在昔日的沙漠中建设出一条 200 多千米的绿色长廊。

苏联针对其欧洲部分领土遭受严重的干旱风、土壤侵蚀等灾害,于 1948 年提出了"斯大林改造大自然工程"计划。计划实施期为 1949~1965 年,工程由北至南，深入中亚沙漠地区，规划营造各种防护林 570 万 hm²，建设 8 条大型防护林带，总长 5320km，总面积 76 000hm²，纵贯俄罗斯大草原，形成一道巨大的防风林带，以缓解中东部风沙对西部产粮区带来的危害。"斯大林改造大自然工程"是苏联历史上规模最大的生态环境建设工程，也为世界所瞩目（朱永杰，2016）。

四、专项法律模式

从 20 世纪 30 年代开始，美国实施了一系列措施遏制荒漠化的蔓延，如限制土地退化地区的载畜量，调整畜禽结构，推广围栏放牧技术；引进与培育优良物种，恢复退化植被；实施节水保温灌溉技术，保护土壤，节约水源；禁止乱开矿山、滥伐森林等。1935 年，罗斯福执政期间，美国通过了《大平原各州林业工程法案》。国会拨款 7500 万美元推动法案内容的实施，即"防护林带工程"或称"罗斯福工程"。后又通过法案实行免耕法，由政府出资给予农庄主一定的经济补助，推动大平原地区原有的耕作方法的改革。同时，在牧区积极实施种草计划、轮牧制、等高线耕作等各项防治荒漠化的措施。随后，为了加大治理力度，美国还实行了禁牧制度。到 20 世纪 70 年代，政府又制定了《美国环境法》和《公共土地法》，确立了"谁破坏谁治理"的环境保护原则，尽量避免土地滥用情况的发生。美国治理荒漠化是以防为主、恢复为辅，在治理荒漠化过程中特别关注荒漠化土地生态系统的平衡问题及可持续利用问题。例如，美国的莫哈维大沙漠，本为戈壁滩，属不毛之地，但从 20 世纪 60 年代，通过种植以色列的毛刺树和固沙先锋骆驼草，使近 400 万 hm² 的流沙得到治理（林光辉，1999）。

以色列地处干旱地区，全年降水量仅为 200mm，是一个建立在沙漠上的国家。以色列上到政府下到国民，都对荒漠化防治高度重视，国家制定了一套系统的防沙治沙方案，以应对荒漠化问题。通过制定防沙治沙的相关法律，如《植被保护法》（1950 年）、《国家公园和自然资源法》（1963 年）及《规划与建筑法》（1965 年），以色列规范土地利用行为，从而达到防沙治沙的目的。

日本则早在 1898 年就颁布了《砂防法》，并于 1987 年进行了一次修订。《砂防法》历史较长，主要包括防与治两个方面，防治对象主要是泥石流、崩塌等土沙灾害，最大的目的是出于治水需要，减少山上进入河道的沙。砂防工作主要由都道府县负责组织实施，跨县的或重点地区的砂防工作由中央负责组织实施，执法主体是建设省（现为国土交通省）。《砂防法》还规定由国土大臣划分出指定区域，一旦确定，该区域无论是国有还是私有土地，均必须依法采取措施进行防治，依法进行开发建设（鲁胜力，2002）。《砂防法》主要内容有三项：一是明确了防沙治沙工程建设的主管责任人；二是对防治水土流失规定了一系列禁止行为；三是对防治水土流失费用的承担、所有者权利和义务等问题进行了比较详细的规定。

20世纪后半期，俄罗斯荒漠化现象十分严重，荒漠化土地面积每年以40万~50万 hm^2 的速度增长，同时还伴随着每年约77万 hm^2 的水浇地退化为盐碱地的情况。荒漠化导致7000万 hm^2 植被遭受破坏，每五年俄罗斯就要丧失700万 hm^2 的农业用地，其中可耕地200万 hm^2，同时有1亿~1.2亿 hm^2 的农业用地处于荒漠化边缘。据俄罗斯专家估计，荒漠化导致俄罗斯每年约损失10亿美元。荒漠化致使人口大量外迁，进而产生大量无人区。因此，俄罗斯联邦政府开始高度关注荒漠化问题，并采取了积极的治理措施，制定了《俄罗斯荒漠化防治的全联邦大纲》。在俄罗斯联邦，卡尔梅克共和国荒漠化治理被视为成功典范。1990年，卡尔梅克共和国先行制定了《防止黑土地草原和基兹里亚尔牧场荒漠化总纲》。经过6年由法律手段推动的荒漠化治理，该地区土壤改良达到70.9万 hm^2，制止土地沙化面积达40万 hm^2，12万 hm^2 的牧场重新恢复使用。卡尔梅克共和国还积极推进经济体制改革，通过利益驱动调动全民参与治沙的积极性。

五、保护性耕作模式

保护性耕作是通过地表覆盖来保护土壤，经过多年的实践，技术不断完善，成为最普遍、最重要的土壤利用保护技术。保护性耕作主要是免耕、少耕、轮耕、深松、秸秆覆盖和化学除草等技术的集成。实施保护性耕作，不仅可以增加土壤有机质，改善土壤结构，提高土壤肥力，保持水土，而且能够降低成本，提高经济效益，有利于生态环境的改善和农业的可持续发展。目前，美国保护性耕作面积已达到耕地面积的36%。美国免耕联合会总结了免耕的10个好处，即省时省力、节省燃料、减少机械磨损、改善土壤耕作、提高土壤有机质含量、提高土壤蓄水能力、减少土壤侵蚀、减少地表径流而改善水质、利于野生动物栖息及改善空气质量。

为了应对日益严重的土地退化问题，加拿大联邦政府鼓励农民进行休耕，每年都有大量的土地（超过10万 km^2）空闲，以休耕养息、培肥地力。与此同时，政府也开始推广并发展保护性耕作方面的技术。保护性耕作在最初的推广上非常缓慢，遇到的问题主要有土壤压实、杂草、病虫害、作物秸秆过量和土壤温度过低，缺乏适当的播种、施肥设备，除草剂的费用高于耕作费用，研究人员、工程师、推广专家与农民之间存在观念冲突等。加拿大保护性耕作的实践经过了很多方面的努力，如通过宣传和培训为农民提供信息，在农民的农场上设立实验站，提倡条状种植（带状耕作），强调保留直立的残茬和残留物（有利于储藏积雪），应用专门的除草机集中除草，种植覆盖作物和营造防护林带，建立农业发展协会，改进土地管理方式，草原恢复和补播等。在过去 30 年间，加拿大保护性耕作取得了令人鼓舞的成果，主要表现在为农民提供良好的经济效益、保持或提高土壤质量和生产力、保持土壤水分、改善小气候环境、降低因气候恶化带来的风险、提高农业抗灾能力等，基本实现了对农业保护和防治土地退化的目标，人们对保护性耕作的拥护程度也有了显著提高。

六、沙产业模式

澳大利亚的干旱半干旱土地面积占 75%，对沙区基本上实行以保护为主的管理办法，政府每年投资开展水、土和生物多样性保护项目建设，建立农垦区、示范区和沙漠公园，利用沙漠独特的景观吸引游客。

土库曼斯坦国土面积的 90% 为沙漠和荒漠化土地，农业以棉花种植和畜牧业为主。在荒漠化防治中，政府编制了防治荒漠化国家行动方案，不断增加农田灌溉面积，且对退化水浇地复垦，并于 1954 年开始新建卡拉库姆运河，调水到西部，灌溉 5250 万亩的荒漠草场和 1500 万亩的新农垦区，改善 10 500 万亩草场的供水条件，运河两岸成为以棉花种植为主的农业基地，用产业发展带动退化土地治理进程。

七、流域管理模式

流域管理是澳大利亚通过水资源管理防治土地退化的一个很重要的特色，他们在该领域积累了丰富的经验。墨累-达令河（Murray-Darlin）是澳大利亚最大的河流。该流域的水资源管理是一个历史发展过程，体现了经济社会发展及水资源状况的变化对加强流域管理的客观要求。最初的流域管理从 1863 年墨尔本会议开始，那时水的问题还不突出，州与州合作愿望还不强烈，对流域水问题进行统筹考虑的意识也还不强。19 世纪末，人口主要聚居区发生了严重的干旱和用水冲突，该流域连续 7 年大旱，严重的水资源矛盾迫使流域内三个州共商水资源治理开发问题。1902 年，在科罗瓦非政府组织会议上，一个综合开发流域的可操作性协议的意向得以达成。经过长时间的反复磋商，成立墨累河委员会，负责用水协议的执行。在用水协议的指导下，此后的 60 多年里，流域水资源得到较好的开发和利用，支撑着流域内经济社会的持续发展，使这一地区成为澳大利亚经济最发达的地区之一，其农业产值占全国农业总产值的 41%。但是，到了 20 世纪 60 年代，随着经济社会的发展，由于水资源的粗放利用，水污染和土地盐碱化等环境问题逐渐暴露出来，流域委员会对水资源承载能力进行了重新评估，强化了保护方面的责任，加强了各方面的协调与配合，进行了控制流域协议的商定。1993年协议契约各方政府通过了墨累-达令河流域法案。2005年州政府又颁布了"水土管理计划指南"、墨累-达令河流域协议及管理指南，希望通过统一有效的规划与管理，达到平等、高效、可持续利用流域水、土和其他资源的目标。为实现这一目标，建立了三个层次的组织机构，即墨累-达令河流域部长级会议、墨累-达令河流域委员会和公众咨询协会（吾蔓尔·热介浦，2006）。三个层次的组织机构分工明确，相互衔接，互相配合，对该流域进行了比较有效的水资源管理，很好地控制了土地盐碱化的程度。

八、伙伴关系模式

为达到遏制土地退化、逐步减少土地退化面积的目标，一些国家采取了有效措施，鼓励包括社区、企业、非政府组织等多方参与的土地恢复和生态建设工程。美国林务局主管的"大平原水土保持计划"是美国重要的水土保护项目，该项目搭建了美国政府与农民的合作平台，旨在促进区域内的水土保持活动。计划设定的保护区内，农民可以自愿与政府签订长达10年的合约。政府将帮助农民以适时和负担得起的方式实施水土保护措施，其保护费用由政府承担（谢和生等，2013）。由于政府的技术支持和资金补贴，"大平原水土保持计划"取得了很大成功，成为美国水土保护的重要里程碑。此外，弗吉尼亚州西南部的格雷森县是美国实施土地保护的示范地区。当地的新河流土地组织帮助私有土地主缓解了土地退化，但私有土地主面临的发展问题，使增加保护林地和农业用地越来越困难。2005年该组织在保护基金的支持下，申请了国家渔业和野生动物局的资金，并与当地农场主和林主建立了合作关系。该组织资助和召集了以发展促保护的讨论和实践活动，使农场主和林主在不改变土地用途的前提下，获得更多收益，从而使更多土地得到有效保护。

九、国际合作模式

据统计，目前整个非洲已有20%以上的耕地被沙漠覆盖，另有60%的耕地面临沙漠化的威胁。如果不对荒漠化采取防范治理措施，到2025年，非洲人均占有耕地将下降到0.1hm^2。因此，非洲11个荒漠化危害严重的国家正联手建立一条横穿非洲大陆的绿化带，计划总长度为7100km，宽为15km。其西起塞内加尔，东至吉布提，中间需穿越毛里塔尼亚、马里、布基纳法索、尼日利亚、尼日尔、乍得、苏丹、埃塞俄比亚和厄立特里亚9个国家，以抵御非洲日益严重的沙漠化进程。

第二节 典型国家土地退化防治

世界上很多国家已在土地退化防治领域取得了良好进展，因此，总结、借鉴各国成功经验，学习国外典型案例，对于推进我国可持续土地管理，促进土地退化防治，以及制定下一步发展战略都具有重要的意义。

一、美国

美国地处北美洲中部，受气候影响，美国的干旱区面积较大，约占美国国土面积的 30%，受荒漠化严重影响的土地约占国土面积的 1/6，主要集中分布在美国西南部的加利福尼亚州、新墨西哥州、亚利桑那州、内华达州和得克萨斯州，由奇瓦瓦、索诺兰和莫哈韦三大荒漠构成。造成荒漠化的主要原因有乱采滥挖、毁林开荒、草原过度放牧、土地盐碱化、不合理利用地下水以及气候异常等。

美国的土壤保护工作开展较早，自从"黑风暴"事件发生以后，美国的土壤保护利用问题受到社会广泛重视，相关问题研究得到企业、州政府、联邦政府、基金会和其他组织的资助，使得这项工作有较充足的资金支持和较好的技术储备。"黑风暴"事件的惨重损失唤醒了美国政府防治土地退化的意识。"黑风暴"后不久，美国国会就高票通过了《水土保持法》，以立法的形式保证了土地的退耕还草，同时兴建了国家公园予以保护，并启动了多项恢复生态平衡的计划。20 世纪 30 年代，美国制定了专门的法律，限制土地退化地区的载畜量，制定了水土保持标准，编制了土地分类图，对土地利用实施分类指导。同时，美国建立了遍及全国的土壤保持示范点和土壤保持管理区，如 1933 年成立的应急机构——土壤侵蚀管理局，其设立了许多永久性小流域示范区。1935 年美国农业部（United States Department of Agriculture，USDA）成立土壤保护局（Soil Conservation Service，SCS），作为一个常设机构代替了土壤侵蚀管理局。同时，民间土壤保护团体的成员被分配在小流域示范区中，以检验土壤治理和保护措施的成效。这些机构汇集了大量的农艺工程师、林务官、农学家、生态学家、土壤学家和经济学家等，并形成了一个共识，每英亩[①]土地都必须得到合理利用，其方式应与土地及其属主双方的需要相协调。这个表述已经与现在可持续发展的概念非常近似，并逐步形成了保护性耕作体系。1937 年颁布的《并购土地以保护土壤和控制侵蚀》规定美国农业部有权购买处于边缘地带的且受到过度放牧、干旱和侵蚀威胁的私人农田，

[①] 1 英亩=0.404 856hm^2。

并在联邦土地上指定国家牧地,由美国林务局管理。20 世纪 40 年代,美国政府曾一度禁止放牧,以恢复植被。20 世纪 70 年代,美国制定了《美国环境法》《公共土地法》,从法律层面设定了环境影响评估的地位和程序,其目的是有计划地利用土地,确定了"谁破坏谁治理"的原则,明确了法律责任。

20 世纪以来,美国土地退化防治逐步进入综合治理阶段,防治对象也更加全面。《农业法案》要求,农民如在所有耕地上种植永久性植被,即可将耕地出租给政府并获取租金。政府通过限制农民种植和收获作物,间接限制了菜牛与牛奶的过高产量,达到植被保护的目的。改变土地性质的行为在《农业法案》中也有严格的限制,耕种牧地和湿地擅自改变为耕地的行为被明令禁止。违反法案规定的农民将丧失所有参与政府资助计划的资格。这一规定试图打破土地贫瘠—农民投入高—农业收入低—土地退化的恶性循环,禁止农民盲目改变土地用途的短视行为,保护耕地、牧地和湿地。

20 世纪 40 年代,美国初步形成了水土流失预报模型。该模型以 Zingg 提出的侵蚀预报方程式的概念(1940 年)为基础,又加进了轮作与耕作措施因子,并在美国中北部建立了土壤流失量限定指标等重要参数。50 年代初期,相应的研究机构——国家径流与土壤侵蚀数据中心正式成立,负责全美水土流失数据的管理与分析。其在全国各个典型区建立了相应的试验小区,进一步提出了全国主要侵蚀因子的计算基本参数、方法和图件。经过 10 年的研究,该中心于 1965 年正式提出了通用土壤流失方程(universal soil loss equation,USLE),以美国农业部的《农业手册 282 号》的形式发至全国应用。美国农业部农业研究局和土壤保持局针对 USLE 在应用过程中出现的问题,组织科学家在农作物地和建筑区域土壤可蚀性评价标准、不规则坡地地形因子、林草覆盖因子、水土保持措施与管理因子,以及美国西部和夏威夷地区侵蚀指标估算等方面进行了修改和补充,发布了 1978 年版本——《农业手册 537 号》。之后,《水蚀预报手册》与《农业手册 703 号》分别于 1989 年和 1997 年发布。

值得强调的是,美国创建了"土壤银行计划",对土地进行休耕管理。该计划要求农民以土地换补助金,对在该计划内的土地上建立并维护永久植被层。该计划的主要目的是降低国家为保证农民收入所必须购买及储存的农产品数量。政府的期望是降低生产量从而提高市场价格,农民的收入亦会随市场价格的提升而有所提高。该计划也实施水土保护措施,虽然这并不是主要任务,但客观上起到了防治土地退化的目的。

"土壤银行计划""大平原水土保持计划"以及 20 世纪 50 年代其他各种水土保护措施的实施对大平原起到了持续的影响作用。农民乐于接受这些计划所给予的补助金,且农产品市场的稳定避免了农民回到过去盲目追求产量最大化的状态。

随着技术的进步，种植业得以在不增加耕地的情况下继续增产，不过以上这些计划对农作物生产的限制并未完全达到政府预期的效果。

美国治理荒漠化土地的成功经验主要可总结为：一是按生态原理进行治理；二是运用高新技术手段进行治理；三是通过法律手段制定土地及草场利用的法律法规；四是国家通过财政支持，促进荒漠化地区经济发展，如帮助荒漠化地区引进畜牧业优良品种，投资建设水利设施，推广围栏放牧等；五是鼓励民间力量，让个人和民间团体参与荒漠化治理，并在技术、设备、资金上给予大力财政支持。

二、加拿大

加拿大领土总面积位居世界第二，大部分土地处在世界干旱、半干旱地带（Asian Development Bank，2004）。缺少植被等覆盖物导致土壤水分蒸发，增加了土壤盐碱度和土壤风蚀、水蚀程度，使得加拿大一些地区出现大面积的类似荒漠景观。位于大草原地区的马尼托巴、萨斯喀彻温和艾伯塔3个省份的土地总面积约为196万km^2，占其国土总面积的19.6%。20世纪初期，这些地区遭到过度的垦荒和大规模开发，加上沙尘暴和旱灾危害不断，土地遭受严重的风蚀和水蚀，受影响的干旱土地面积不断增加，土地退化问题日益严重。据估算，加拿大大草原地区种植地50%以上裸露在大风侵蚀之下，其土壤流失总量的58%是由风蚀引起的，仅大草原地区的3个省份每年因风蚀就造成至少1.61亿t表土流失，经济损失高达2.49亿加元（McClure，1998）。根据联合国粮食及农业组织报告和美国地球探测卫星数据显示，加拿大已经成为全球土地退化面积较大的国家之一。

加拿大经过多年的探索，通过成立专门机构、制定相关政策以及开展大批土地保护重点项目，在土地退化防治方面取得了很大成效，积累了丰富的经验，为世界防治荒漠化工作提供了典范。政府部门建立了专门的土壤保护机构和协调机制，针对容易退化的林业用地、农业用地和矿区土地制定了全面有效的管理和保护政策，取得了良好效果。

加拿大的土地资源管理涉及多个部门，联邦政府除直接管理部分国土资源外，主要通过制定计划和政策来指导联邦土地资源的规划、利用与保护，这些计划和政策需要各部门的支持。为协调中央与地方政府间以及部门间的关系，加拿大组建了许多专门的政府协调机构，如联邦政府土地利用委员会、加拿大土地利用委员会等。其中，联邦政府土地利用委员会由15个单位组成，包括环境部、农业部、渔业与海洋部等，其目的是协调土地利用政策，加强土地资源管理；加拿大土地

第五章 国外土地退化防治实践

利用委员会的任务是协调联邦政府与省政府之间在土地管理上的合作关系（崔向慧等，2012）。

1983年，农场复垦管理局发表了一份题为《加拿大大草原地区土地退化和土壤保护问题》的报告。报告指出，大草原地区面临的最大威胁就是风蚀、水蚀、盐碱化和土壤养分损失等问题。该报告为该地区后来实施大批土壤保持项目奠定了基础。此后，联邦政府和省政府就启动了大批土壤保护计划和项目，综合运用优化管理方法、营造防护林、改造河岸地与草场、保护性农业耕作等实际措施恢复退化的土地，并遏止土地退化发展势头。大部分计划和项目是通过农场复垦管理局实施的，加拿大联邦政府、省级政府以及非政府组织和其他集团为此也做出了巨大贡献。

"公共牧场计划"是农场复垦管理局在大草原地区实施的计划之一，也是实施期限最长的土壤保持项目。该计划开始实施于1937年，主要目的是恢复受到严重侵蚀的土地。其总的原则是不宜耕种的土地全部退耕，用于发展养牛牧场。其主要措施是综合考虑牲畜数量、生态系统状况和土地承载力等因素，采用人工牧场和天然牧场相结合的轮流放牧方式，保证牧场的持续利用。该计划经过数十年的实施，使草原牧场开垦的比例稳步下降，大量过渡地带的耕地已经永久性地退耕还林还草。目前，已有14.5万 hm^2 劣质地被改造成了适牧草地。

从20世纪70年代初开始，农业用地保护进入国家政策议程。到70年代中期，一些省份相继制定了"农业用地保护计划"，通过制定以自然要素为主的土地利用规划阻止或减缓在高质量农业用地上的城市土地开发。不列颠哥伦比亚省在1973年颁布了《农地委员会法》，成立了强有力的省级农业用地委员会；1978年魁北克省颁布了《农地保护和农业活动法》，成立了魁北克农地保护委员会。30多年来，省级农业用地委员会以服务于保护农业用地和农业活动为出发点，与地方利益相关者密切配合，组织专家就土地利用对土壤潜力、农业活动、环境、牲畜造成的影响进行严格评估，保证了农业合作社和农场经营的一致性，在保护水资源和土壤资源等方面做出了重要贡献。

"永久保护计划"是1989年在大草原地区各省份实施的一项三年计划。该计划出资鼓励农民在可选择利用的土地上种植适宜的农作物，大草原地区的农民承诺在一定时期内保证采用轮作方式种植作物，进行饲草种植或造林经营。"永久保护计划"的独到之处在于，它有一套激励机制和报账制度。该计划由加拿大政府资助7400万加元，最终效益远远超过原有投资。除了政府获得一定的经济效益外，其社会效益更大，如减少土壤退化、提高水质、增加野生动物栖息地，节约地方政府用于清理公路导洪、排水系统的风积、洪积泥沙的费用等。"永久保护计划"深受广大农民的欢迎，并得到及时扩大，现已扩大到包括不列颠哥伦比亚省部分地区在内的其他地区。

20世纪90年代末期，加拿大实施了"国家水土保持计划"，这是联邦政府和省政府共同实施的项目。除了关注一些传统的土壤方面的问题以外，该计划着重强调与水有关的各种环境问题，重点涉及河岸地改造和草场改良两大目标。为了保护人畜、野生动物以及灌溉水源，首要任务就是制订最佳的土壤保持和河岸地管理方案。为此，政府在河岸地区开展了以维护或改善水质为目的、涉及牲畜和耕作管理等内容的一系列活动。大部分项目都与生产者、土地使用者以及社区直接合作实施，鼓励合作伙伴优先考虑未来水土保持项目，支持他们优先开展河岸改造项目，恢复营建河岸植被、建立灌溉系统和植被缓冲区。加拿大大草原地区农场复垦管理局负责提供技术资料，提供与河岸地管理及与水质保护有关项目的支持，并为城镇当局和当地非政府组织提供资金支持。

加拿大在土地退化防治方面有着完善的政策体系、协调机制和长远的战略规划。加拿大政府的公共投入在土地退化防治方面发挥了很大的作用，为土地退化防治提供了长期的资金保障。同时，加拿大为土地退化防治提供了完善的规章制度保障，出台相应的法律，助推计划的实施。

三、澳大利亚

澳大利亚位于南半球。从地貌上讲，澳大利亚可以分为西部高原、中部低地和东部山地三部分。干旱和半干旱地区占澳大利亚总面积的70%（其中，干旱地区占55%），全国仅有2%的人口居住在这些地区。牧业用地是澳大利亚最主要的土地利用方式，牧业用地占澳大利亚总面积的一半以上。

澳大利亚地域辽阔，人烟稀少，但是大多数土地比较贫瘠，盐碱化程度高，只有6%的土地适宜于耕作而不需要灌溉。由于土地退化，澳大利亚土壤肥力在最近30年下降了33%，而同期使用肥料以及其他肥力改良措施而增加的土壤肥力只有10%。澳大利亚土地退化的主要原因包括外来及本土草食动物的过度取食而导致的植被丧失、木本杂草的入侵、对气候变化因素考虑不足等。以上因素的综合作用导致土壤的流失和退化、水资源特征的改变、土壤盐碱化程度的加剧、生物多样性的丧失等严重后果。

从20世纪70年代初期起，澳大利亚开始重视土地问题和环境问题，联邦、州政府通过制定法律、法规和收费来保护环境，尤其是1994年10月成为《联合国防治沙漠化公约》缔约国之后，澳大利亚对于土地管理更加重视。尽管如此，澳大利亚仍面临着土地及生态环境可持续发展问题的挑战。

20世纪80年代以来，澳大利亚联邦及各州政府高度重视土地荒漠化问题，在防治荒漠化方面开展了许多行之有效的工作，包括在1983年由澳大利亚政府发起的国家水土保持项目，和在1985年由联邦政府直接将经费分配到各个州的土壤保持行动。

1988年，土地关怀运动作为一个以社团为基础的土地管理组织活动得到开展，其由政府资助经费，建立了广泛的网络和土地所有者委员会。该运动主要包括四部分工作内容：社团土地关怀（土地关怀委员会）；研究（研究组织）；主要支持项目（各州的部门）；公众意识、教育和培训（教育和公众部门）。"国家抗干旱战略"于1992年在联邦、州和政府间达成协定。战略目标是鼓励主要生产者和乡村的其他成员通过自主管理来适应气候的变化，进而保持澳大利亚农业和环境资源在气候极端时期的可持续利用，确保农业和乡村工业的发展符合长期可持续发展的目标。在该战略下，为了帮助农场主更好地进行自主管理，改进天气长期预报、干旱监测、土壤温度和植被生长变化的模拟模型，以及开发农场主和地方土地管理者决策支持系统，以帮助农场主更好地自主发展和制订农场管理计划和策略。

对澳大利亚水土保持工作影响最大的项目之一是"国家自然遗产保护计划"。这项于1997年开始实施的计划是澳大利亚历史上最大的资源环境保护计划，它把自然资源的管理与社区的参与及流域管理整合在一起。这个计划囊括了土地保护以及原来一些独立的陆地和水域发展保护项目。这些项目由各地自发组织的社会团体运作，目的是解决水域、植被和土壤管理问题。

澳大利亚在防治土地退化方面主要由联邦和州政府出台土地保护的政策和法律，在制度上给予保障。同时，联邦和州、区政府出台战略和计划，鼓励农场主、其他土地管理者以及乡村社区更有效、更持续地管理和使用土地。此外，针对土地退化防治，澳大利亚科研机构进行了大量科学研究和推广，积累了一整套土地保护管理措施、办法和经验，支持水土保持工作取得了明显成效。

四、以色列

以色列属西亚国家，位于亚洲西部地中海东岸，面积约为2.57万km^2。以色列北部是山区高原，中部是丘陵，由中部向南延伸是沙漠地区，其中丘陵和荒漠约占国土总面积的90%。

"内盖夫行动计划"是在以色列前总理拉宾亲自指导下的国家优先发展项目，由农业部、犹太全国基金会和犹太协会联合组织于1995年共同主导启动，也是"内盖夫-阿拉瓦研究开发计划"的后续项目。该行动计划是为了迎接21世纪的挑战并满足内盖夫地区未来发展的需求而创立的，其策略是最大限度地开发利用水资源、能源、土壤和气候的区位优势，应用高新技术发展以农业、旅游和工业为主体的综合产业体系，创建新一轮稳定的经济格局，并最终达到增加就业机会、提高居民生存标准和生活质量的目的。计划建设的项目包括：增加 7000m^3 的生活用水（修水库、海水淡化、废水循环利用）；筹建革新型温室公园和温室带；新开柑橘类果园和油橄榄种植园 1700~2000hm^2；投资 2500 万新建薄膜大棚集约鱼塘；复垦土地 1.2 万 hm^2 用于农业生产、居民区建设、改善和美化生存空间（江泽慧，2011）。

以色列荒漠化防治最为突出的特点就是把水资源作为国家战略资源，把科学用水作为基本国策，通过法律建立水资源红线制度，同时配套建立土地、空气等重要生态系统红线制度，并注重运用市场经济手段建立国家绿色核算体系，引导、鼓励公民绿色消费，保护环境，发展经济。

五、尼日利亚

土壤退化对尼日利亚的农业生产影响重大。在尼日利亚的一些社区，有超过 10%的土壤被污染或退化（Babalola and Olayemi，2014）。为了扭转土壤退化的趋势，尼日利亚采取了很多行动。但是研究显示，多数旨在提高土壤质量的项目并没有取得很好的成效。在这种背景下，可持续土地管理实践被尼日利亚政府采用。可持续土地管理实践通过在土壤、农艺、种植、管理等多个方面的设计，使得农业生产者能够最大化他们的经济和社会效益，同时能够使农业生态得到持续保护。

提高土地的可持续利用水平一直是非洲政策关注的焦点。研究表明，农民的受教育水平和参与合作社的积极性影响了他们使用可持续土地管理的实践结果。可以通过政策导向来提高可持续土地管理实践的采用率，从而增加农民的收入，提高农民加入合作社的积极性。

尼日利亚可持续土地管理涉及农民个体、制度和农场水平以及土地管理实践选择之间的关系。为了加强自然资源保护并提高社会效益，有必要解决教育水平差、参与率低等问题，以使更多的农户能够参与社区合作组织或政府土壤保护项目。非政府组织可更广泛地参与土地管理，并且加强与政府进行土地管理的合作能力。政府对土壤的干预项目可充分考虑农场和农民的特征，针对种植不同作物的农民量身定制，更好地保护土壤等农业自然资源。

第三节 经验借鉴

以上对美国、加拿大、澳大利亚、以色列、尼日利亚等国家土地退化防治政策和模式进行了梳理与比较，对我国在可持续土地管理方面具有重要的启示和借鉴作用。

一是强化政策扶持，出台切实可行的优惠政策。政策措施与市场机制并举是以色列的农业发展机制，将沙漠区确定为最优惠开发区，实行扶持出口、高科技项目、企业10年免税、鼓励沙漠区移民等优惠措施，不仅调动了以色列民众和企业的积极性，也为其提供了政策性保障。此外，以色列把水资源视为战略资源，通过立法保护、规划使用，倡导全民节水，并制定资源保护、水源保护、建筑、环保、绿化等系列法律法规，规定水资源归国家所有，用市场经济手段保护水资源。在保护生态的前提下开发沙漠，建立水、土、空气等生态系统红线制度，严格控制水质和采水量，建立国家绿色核算体系，用污染税、环境许可证、绿色标志等环保制度引导和鼓励绿色消费。我国可以借鉴以色列的经验，健全和完善法律法规、政策制度，尽快制定"荒漠化防治法"，修改《中华人民共和国草原法》《中华人民共和国森林法》《中华人民共和国水土保持法》，为防治荒漠化、防治土地退化进一步完善制度和政策保障。此外，我国还可通过创立新的优惠政策，包括资金扶持、贷款优惠、税收减免等方式，鼓励对荒漠化土地的治理与开发。

二是考虑在适宜的地区推行保护性耕作制度。保护性耕作制度在加拿大西部平原的许多地区已经成功得到实施和推广，其有关保护性耕作制度的知识、原则、工具、技术和方法在很大程度上也适用于中国西部地区。保护性耕作制度不仅能够保护土壤，而且能够长远地提高土壤的质量、生产力和总体经济效益。这对中国粮食生产的可持续性发展以及预防土地退化是十分重要的。因此，建议在我国西北干旱区和其他适宜的区域大力推广砂田耕作技术、秸秆覆盖技术、机械化免耕技术等。

三是进一步完善生态效益补偿制度，建立生态补偿基金。借鉴美国"土壤银行计划""大平原水土保持计划"等，补偿内容可包括三个方面：①向防治土地退化工程生态效益的受益单位和个人按收入的一定比例征收生态效益补偿金；②使用治理修复的退化土地的单位和个人必须缴纳补偿金；③破坏生态者不仅要支付罚款和负责恢复生态，也需缴纳补偿金。收取的补偿金用于防治土地退化等工程建设，不得挪用。最重要的是要增加国家投入，建立生态补偿基金。

四是注重示范区建设和教育培训。可借鉴澳大利亚的做法，选择一些实用可行的技术，建立不同类型的示范区，引导农牧民接受可持续的经营方式，在牧区实现轮牧，促进土地资源的合理利用。结合试验示范，加强科学研究和教育培训，推广实用技术和新技术，如适宜的植物种类选取、合理的植被盖度、植被栽培技术、保水剂使用、深栽技术、固沙技术、节水灌溉技术等，把科研与生产紧密结合起来。澳大利亚最初的土地关爱项目重点是给农场主、牧场主和其他土地所有者发放资金，用于土地保护。但是发现效果并不理想，也不具有持久性。因此，目前澳大利亚在项目实施中，更加注重对农场主、牧场主等的技术培训、意识培训以及电脑操作等技能培训，让他们掌握土地可持续经营管理的技术，这样才不会导致项目实施过后，又出现新一轮的破坏局面。中国可充分汲取澳大利亚的经验，合理建设示范区，加强对农场主、牧场主等的技术和专业知识培训。

五是以科技为先导，加强科技推广与示范。近20年来，世界各国越来越重视开发资源利用率高和注重可持续发展的技术装备，如以色列的节水灌溉技术所需的喷灌、微灌等设备；低污染动力机械，节省能源、对土壤破坏小的联合作业机械等，都体现了科技的重要性。我国应加大土地退化防治过程中的技术研究与示范推广，切实树立可持续发展的观念，并建立土地退化防治技术支撑体系，进一步为防治土地退化、实现可持续土地管理打下坚实的基础。

第六章 可持续土地管理内涵与指标体系

  土地退化已经是一个全球性问题，过度依赖单一作物、过度耕作、过度放牧、破坏森林、农药化肥管理不善等都会造成土地退化。因此迫切需要识别和发展可持续土地管理（Motavalli et al., 2013）。近年来，作为对土地退化和荒漠化的响应，可持续土地管理一词和概念得到越来越多的认可与广泛推广（Schwilch et al., 2014）。随着气候变化的威胁、水资源的争端、对土地的争夺以及全球移民的增加，可持续土地管理措施的需求在未来只会增加（Schwilch et al., 2014）。因为在自然条件（如气候变化、极端天气事件）、社会状况（移民等）和经济状况（不断变化的市场）快速变化的背景下，可持续土地管理提供了灵活的、适宜的解决方案（WOCAT, 2014）。

  可持续土地管理事关一个国家食物、资源、生态、环境、经济和社会等多方面的安全，已是世界土地管理的重要发展方向（李艳辉，2014）。其中中国-全球环境基金干旱生态系统土地退化防治伙伴关系第二阶段以及伙伴关系框架下的"中国西部适应气候变化的可持续土地管理项目"于2015年在北京已经启动。这是中国政府与全球环境基金过去十年伙伴关系的成功延续，也开启了未来十年伙伴关系发展的新篇章。"中国西部适应气候变化的可持续土地管理项目"创新之处在于，除了关注可持续土地管理和减少贫困外，更加关注绿色发展、应对气候变化和生态环境监测工作，引进国际上可持续土地管理等新理念和新技术，更大范围地服务于国内生态建设项目，开展多元化合作与交流，产生更大的全球环境效益，并将推广可持续土地管理技术和保护生物多样性、提高适应气候变化的综合能力、推动区域绿色发展、促进减少贫困和推动土地管理制度创新五个方面列为重点领域（胡利娟，2015）。

  但可持续土地管理理念诞生至今还没有一个统一的概念描述，那么如何正确地、科学地理解可持续土地管理理念及其内涵，对于应用该理念开展土地退化防治等事业的决策者、实践者和研究者等利益相关群体来说都是至关重要的。为此，本章通过文献调查法，首先根据国内外现有的关于可持续土地管理的经典描述进行归纳分析，剖析其核心思想、具体目标及内涵，以及可持续土地管理理念的时空布局。然后根据以上解析通过简单的数理分析方法，解构可持续土地管理情景下土地生产和服务能力曲线及其人口弹性和气候弹性。其次归纳分析可持续土地管理的实施尺度、实施途径及技术与方法。最后通过比较分析法，与综合生态系统管理理念进行比较分析。通过以上系统深入的内涵解析，在对什么是可持续土地管理理念有一个清晰的内涵认知基础上，针对土地退化防治项目，构建一个可持续土地管理评价指标体系，旨在为其他土地退化防治项目提供一个有意义的理论指导和实践尝试。

需要强调的是，本章并不试图提出一个全新的可持续土地管理的概念或给其下定义。首先，这是极具挑战性的，正如 Dumanski（1997）指出，可持续土地管理的概念如同真相、公正和谦虚的概念一样，最好是通过其要达到的目标来描述，而不是通过测量来定义。其次，尝试给可持续土地管理下定义是没有必要的。因为近 30 年来已经有很多国际权威组织和学者进行过描述，虽有差异，但其指向都是一样的。因此，本研究不再做重复的工作，只是对现有可持续土地管理概念进行更加深入的、系统的解读分析，丰富可持续土地管理的内涵，凝练其要义，形成统一认识，帮助人们进一步深刻地、充分地理解可持续土地管理理念。而且这有利于可持续土地管理理念深入项目实施地区，推进国内可持续土地管理实践，践行生态文明和山水林田湖草生命共同体的理念，进一步提出土地退化防治的中国方案。

第一节 可持续土地管理概念国内外综述

国际上与可持续土地管理有关的研究最早出现于 1976 年联合国粮食及农业组织的《土地评价纲要》，提出了土地评价研究与方法的六大原则，其中适宜性原则就是针对可持续利用而言的，但当时的可持续仅指土地利用不引起环境退化问题，没有进一步给出可持续土地管理的概念或者定义。直到 20 世纪 90 年代初期，国内外才出现可持续土地管理的概念描述，典型描述见表 6-1。

表 6-1 国内外关于可持续土地管理概念的典型描述

国际/国内	典型描述	评述
国际	利用土地资源，包括土壤、水、动物和植物，生产商品不断满足人类需求，同时保证这些资源长期的生产潜力，并维持它们的环境功能	1992 年的联合国环境与发展大会（又称"地球峰会"）提出，是最早的一个描述，成为之后其他描述的基础
	是一个技术、政策与活动的综合体，旨在将社会经济原则与环境问题综合起来，以保持和提高生产力，降低生产风险水平，加强土壤退化过程的缓冲能力，保护自然资源潜力和防止土壤和水质退化，而且经济上可行，社会上可接受，并确保社区从改善的土地管理中获益（Smyth and Dumanski, 1993）	出自联合国粮食及农业组织 1993 年的出版物《可持续土地管理评价纲要：评价可持续土地管理的一个国际框架》，该描述强调了土地、自然资源、社会和经济方面的同等重要性，并提出了具体目标，因此这一描述目前被广泛使用

第六章 可持续土地管理内涵与指标体系

续表

国际/国内	典型描述	评述
国际	旨在综合管理土地、水、生物多样性和其他环境资源以满足人类需要的同时又能保证生态系统服务和生计长期可持续的实践与技术（World Bank，2006）	出自世界银行2006年的出版物《可持续土地管理：挑战、机遇与权衡》，涉及3种不同的描述，有的认为可持续土地管理是一些具体的实践活动和相应的技术，有的认为是一种关系，有的认为是一个过程，但所表达的方向是一致的
	一方面协调环境保护与保障生态系统服务之间紧张关系的一个过程，另一方面在人口增长和土地利用压力增加的情况下提高农林业的生产力（World Bank，2006）	
	是一种基于知识的过程，有助于整合土地、水、生物多样性和环境管理（包括投入和产出的外部效应）来满足不断增长的食物与纤维需求，同时维持生态系统和生计（World Bank，2006）	
	利用土地资源，包括土壤、水、动物和植物，满足人类不断变化的商品和物品需要，同时保证这些资源长期生产的潜能，并维持环境功能（WOCAT，2007）	出自世界水土保持方法和技术纵览（World Overview of Conservation Approaches and Technologies，WOCAT）2007年组织编写的《土地更绿的地方：世界水土保持行动案例研究与分析》，直接使用最早出现的描述
国内	是一个系统的技术和规划。通过科学的规划，使自然界中的各种生态与社会经济不断得到融合，形成合理的生态链，其内容包括技术管理和规划管理两大部分，只有通过科学技术和知识的应用，才能不断构建良性发展基础，才能使土地管理达到预期，建立可持续的土地管理长效机制（王洪芹和陈岩，2015）	是一个系统的技术和规划
	是一个"人-地"协调系统。人类在活动过程中会在一定程度上影响土地资源，而土地资源也会在一定程度上影响人类生存，该系统是开放的，也是相互影响的（孙嘉岑和那岩，2015）	是一个"人-地"协调系统
	遵循社会经济和生态环境相结合的原则，将政策、技术和各种活动结合起来，以同时达到提高产出、减少生产风险、保护自然资源和防止土地退化、经济上有活力又能被社会所接受的土地管理方式	出自全国科学技术名词审定委员会，与联合国粮食及农业组织的描述类似

其中，1992年联合国环境与发展大会（又称"地球峰会"）上提出的可持续土地管理的定义是之后很多概念表述的基础，很多概念表述都是以此为基础拓展开来的，甚至世界水土保持方法和技术纵览（WOCAT）2007年组织编写的《土地更绿的地方：世界水土保持行动案例研究与分析》就直接使用这一表述。联合国粮食及农业组织的描述强调了土地、自然资源、社会和经济方面的同等重要性，并提出了具体的目标，因此这一描述目前被广泛使用，尤其是在可持续土地管理评价方面。而世界银行2006年的出版物《可持续土地管理：挑战、机遇与权衡》

中关于可持续土地管理有3种不同的概念描述，有的认为可持续土地管理是一些具体的实践活动和相应的技术，有的认为是一种关系，有的认为是一个过程，但所表达的方向是一致的。

自从国际上提出可持续土地管理理念之后，国内学者在20世纪90年代后期也纷纷开展了相关的理论研究和实践，如张凤荣（1996）的《持续土地利用管理的理论与实践》，唐华俊等（2000）的《中国土地资源可持续利用的理论与实践》。国内最近的研究和实践则是2015年启动实施至今的中国-全球环境基金干旱生态系统土地退化防治伙伴关系第三期项目——"中国西部适应气候变化的可持续土地管理项目"等。

国内学者的概念描述，有的比较简单，如徐伟华（2015）认为可持续土地管理是在土地管理的基础上进行土地的可持续发展。大部分学者认为可持续土地管理是一个系统的技术和规划（王洪芹和陈岩，2015）。除此之外，国内也有学者认为可持续土地管理是一个"人-地"协调系统（孙嘉岑和那岩，2015）。全国科学技术名词审定委员会也给出了定义，即遵循社会经济和生态环境相结合的原则，将政策、技术和各种活动结合起来，以同时达到提高产出、减少生产风险、保护自然资源和防止土地退化、经济上有活力又能被社会所接受的土地管理方式。这个概念与联合国粮食及农业组织的描述类似，在国内也普遍使用。

根据国内外的有关概念描述，发现至今难以给可持续土地管理提供一个量化的定义。但Dumanski（1997）指出，正因为未量化的定义增加了研究方法的灵活性，直接有助于提高概念应用的弹性，因此可持续土地管理的概念可以在不同的层次和规模上应用，以解决不同的问题。可持续土地管理同其所依据的可持续发展的概念一样，不仅可应用在农村，还可应用在城市；不仅可应用在农业，还可应用在其他领域；不仅可应用在当地，还可在国家和国际层次等得到迅速发展与应用。其中联合国欧洲经济委员会则在更广泛的环境中使用可持续土地管理这一术语。该委员会指出，土地管理是使土地资源发挥良好效益的过程，涵盖从环境和经济角度将土地作为一种资源进行管理的所有活动，可以包括耕作、采矿、地产管理，以及城镇和农村的空间规划。气候变化问题持续受到国际社会的关注，减缓和适应气候变化已成为可持续土地管理的前沿。很多国家，如澳大利亚和新西兰两国都同意将可持续土地管理作为政府应对气候变化的一部分。在欧洲，德国联邦教育与研究部2010年资助了一个关于可持续土地管理的国际研究项目，该项目任务之一就是研究土地管理、气候变化和生态系统服务之间的相互作用（Seppelt et al.，2011）。

虽然国内外关于可持续土地管理的概念从不同方面有不同的描述，但Motavalli等（2013）根据广泛的可持续土地管理系统和实践，总结出了它们的共同点：①认识到土地管理中生态学的重要性；②维护或提高生产力；③维护土壤质量；④提高生物多样性来增强生态系统的稳定性和弹性；⑤为社区提供经济和生态系统服务；⑥社会可接受性。

无论如何，这些尝试对可持续土地管理进行的概念描述，为我们进一步开展系统的理念和内涵解析提供了很大的帮助。

第二节 可持续土地管理内涵解析

一、可持续土地管理的核心思想

可持续发展是可持续土地管理的核心思想，也是可持续土地管理概念的依据。1980年由联合国环境规划署、世界自然保护联盟和世界自然基金会共同发起编制了《世界自然资源保护大纲》，初步提出了可持续发展的思想（牛文元，2012）。其中可持续发展被理解为"为了使发展得以可持续，必须考虑社会和生态因素及经济因素，考虑生物及非生物资源基础"，并强调"地球不是我们从父辈那里继承来的，而是我们从自己的后代那里借来的"。于是1987年，世界环境与发展委员会 World Commission on Environment and Development，WCED 出版了《我们共同的未来》，综合了以上思想和理念，进一步将可持续发展定义为：既能满足当代人的需求，又不对后代人满足其需求的能力构成危害的发展（WCED，1987）。

可持续土地管理顾名思义就是以可持续发展的思想和理念为根本出发点，科学地规划和使用土地，让土地和人类社会的发展达到一个平衡点，所以必须要在土地的管理中始终贯彻可持续发展的理念，用发展的眼光来看待问题，不仅要看到局部的土地利用，也要看到整体的土地利用；不仅要看短期利益，也要看到长期利益，这样才能实现和谐发展（刘景乎，2017）。可以说可持续土地管理是可持续发展的基础，而可持续发展则是可持续土地管理的核心思想。

二、可持续土地管理的目标

可持续土地管理的目标也有不同的描述，如联合国粮食及农业组织认为可持续土地管理的目标在于协调当代和后代利益的各种目标，包括提供环境、经济和社会的机会，同时维持并加强土地（土壤、水和空气）资源的质量（Smyth and Dumanski，1993）。又如张巍（2013）认为，可持续土地管理的主要目标是促进人类与自然长期的和谐共存，以保障生态系统的供给、调节、文化和支持服务。

可持续土地管理的最终目的是让社会经济和生态环境相融合,达到代内公平的同时保证代际公平。但都可以理解为可持续土地管理就是利用土地满足不断变化的人类需求(农业、林业和保护),同时保证土地的长期社会经济和生态功能。

1993年联合国粮食及农业组织发表了《可持续土地管理评价纲要:评价可持续土地管理的一个国际框架》,描述可持续土地管理概念的同时,进一步阐明了可持续土地管理的五个目标,也是可持续土地管理的五个标准和五个支柱,且任何可持续土地管理的评估都必须基于这些目标(Smyth and Dumanski,1993)。联合国粮食及农业组织的这一概念及其五个支柱已成为开展可持续土地管理的原则和基础(Dumanski,1997),即将技术、政策以及旨在把社会经济原则和环境问题相结合的活动整合起来(Hurni,1997),同时要达到以下五个目标(表6-2)。

表6-2 可持续土地管理的五个目标及其内涵

具体目标	解析
目标1:保持、提高生产和服务(生产性)	①土地不但具有农业和非农业的物质材料生产功能,还具有调节、净化、循环、缓冲和美学等生态与文化服务功能。②要防止土地进一步退化,至少要保持土地现有的生产和服务能力。③到2050年全球人口预计达到92亿人,农业生产力必须翻两番才能满足不断增长的粮食作物需求(Motavalli et al.,2013),因此在原有基础上更要有效地提高土地生产和服务能力
目标2:降低生产风险(安全性)	①有效适应和减缓土地生产过程中遭受的自然风险,如自然灾害、病虫害等。②减少土地生产过程中产生的环境风险,如减少农业污染等,不但要生产安全无公害的、绿色的粮食或其他作物,还要减少不良外部效应的产生
目标3:保护自然资源潜力和防止水土退化(保护性)	可持续土地管理不仅仅关注土地本身,同时关心当地的自然资源,包括水、土壤、空气、动物、植物、微生物和生物多样性等。因为从生态过程来看,运行良好的生态系统有利于土壤自然肥力的形成和土地生产力的提高
目标4:确保经济上是可行的(经济可行性)	①可持续土地管理能为土地利用者带来经济利益。②从成本效益来考虑,可持续土地管理实践,不但要求成本可控,而且有利可图。③经济可行性分析可以帮助决策者采取适当措施来开展土地退化防治。④按照食物安全、就业和其他直接利益,恢复全球1.5亿 hm^2 的退化景观将为世界经济每年注入超过800亿美元(Ferwerda,2012),因此通过可持续土地管理防治土地退化也是可以产生经济效益的
目标5:确保社会上是可接受的(社会可接受性)	①可持续土地管理成功的基础取决于受影响社区的适应性及其社会可接受性(Motavalli et al.,2013)。②可持续土地管理必须是社会影响或利益相关群体可以接受的解决方案。得不到利益相关群体,尤其是当地社区及土地利用者的共同支持和认同,可持续土地管理实践活动难以开展。③要求可持续土地管理是包容的,必须将贫困人口、妇女和儿童等当地弱势群体纳入考虑范围。④要求可持续土地管理也是共享的,利益相关群体都能享受可持续土地管理带来的效益,但社会影响受益群体和经济影响受益群体可以不同

三、可持续土地管理的时空布局

根据可持续土地管理概念的有关表述及其可持续发展的核心思想,实施可持续土地管理主要考虑时间和空间两个布局。

第六章 可持续土地管理内涵与指标体系

在时间布局上,既要满足当代人对土地生产及生态环境服务能力的需要,又不能对后代人满足其土地生产及生态环境服务能力的需要构成威胁,即长期保护土地资源,继续为子孙后代的生存和发展服务,将技术、政策、经济发展和生态环境协调统一,最终实现土地的可持续管理。

在空间布局上,既要满足人类社会经济对维持或提高土地生产能力的需要,也要满足人类社会经济对维持和提高生态环境服务功能的需要,即在利用土地的同时要维护生态平衡,因为只有这样才可以真正实现土地的可持续管理(路晓霞,2014)。

四、可持续土地管理的生产和服务能力曲线及其弹性

(一)土地生产和服务能力曲线

为了更好地解析可持续土地管理的内涵,根据可持续土地管理保持、提高生产和服务(生产性)这一首要目标,以及可持续土地管理的时空布局,本书构建一个土地生产和服务能力曲线,表达式为

$$P=P_0+sG_t \text{ 且 } P_0>0, s=0 \text{ 或 } s<0 \text{ 或 } s>0 \tag{6-1}$$

式中,P 表示土地生产和服务能力(productivity);G_t 表示人类不同代际的人口规模(generations),而且随着时间的推移,后代的人口数量不断增加;P_0 表示土地生产和服务能力现有的基线状态;s 表示土地生产和服务能力曲线的斜率,也可以理解为土地管理的可持续能力(sustainability),土地管理的可持续能力越强,曲线斜率越大,曲线越向上陡,反之越小,曲线越向下陡。

假设不考虑其他因素或在其他因素不变的情况下,土地的自然生产和服务的能力通常受到人口增长及其带来的经济社会需求压力的影响,那么土地生产和服务能力曲线会出现如图 6-1 所示的三种情境。

情境 I:如果不采取任何可持续土地管理的措施,或者进行不合理的土地管理,随着后代人口的不断增加和土地的过度利用,土地将会严重地退化,流域与景观的生产和服务(生物多样性、水文、固碳)功能显著下降(World Bank, 2006),即土地的生产及服务能力将越来越低,如图 6-1 中向下倾斜的 P_1 曲线所示。此时的曲线斜率为负数或可持续能力为负,表示这种土地管理情境下土地生产和服务能力不但不具有可持续能力,而且还处在持续的退化和破坏状态,完全无法满足人口日益增长的需求,因此其斜率也可以理解为土地生产和服务能力的退化率。而且在该情境下,土地生产和服务能力的退化对人口规模压力的反应比较敏感。土地生产和服务能力曲线的数理表达式为

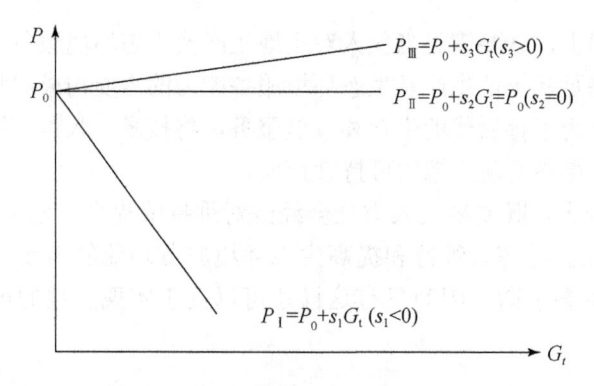

图 6-1 不同土地管理情境下的土地生产和服务能力曲线

$$P_{\mathrm{I}} = P_0 + s_1 G_t \quad 且 \ P_0 > 0, \ s_1 < 0 \quad (6\text{-}2)$$

情境Ⅱ：如果采取一定的措施，随着人口的不断增加，依然能维持土地生产和服务能力的现有基线状态，即 P_0 处，如图 6-1 中与横坐标平行的 P_II 曲线所示。此时的曲线斜率为 0，表示这种土地管理情境能维持原有的生产和服务能力，但如果是基于退化的土地，这只是可持续能力最弱的状态。因此该情境下土地生产和服务能力曲线的数理表达式为

$$P_{\mathrm{II}} = P_0 + s_2 G_t = P_0 \quad 且 \ P_0 > 0, \ s_2 = 0 \quad (6\text{-}3)$$

情境Ⅲ：如果采取积极的可持续土地管理措施与活动，随着人口压力的不断增加，土地生产和服务能力有所提高，如图 6-1 中向上倾斜的 P_III 曲线所示。此时的曲线斜率为正数，表示该情境下的土地管理具有一定的可持续能力，土地管理措施积极得当。在退化的土地上维持原有基线状态已经不易，就更不用说大幅度提高土地生产和服务能力，因此该曲线的斜率虽都大于前两种情境下曲线的斜率，但通常还是小于 P_I 曲线斜率的绝对值。这就是大家通常理解的生态环境破坏容易恢复难的道理。因此该情境下土地生产和服务能力曲线的数理表达式为

$$P_{\mathrm{III}} = P_0 + s_3 G_t \quad 且 \ P_0 > 0, \ s_3 > 0, \ s_3 < |s_1| \quad (6\text{-}4)$$

通过以上数学解析，不难理解可持续土地管理的保持、提高生产和服务（生产性）这一首要目标，情境Ⅱ和情境Ⅲ这两类曲线很好阐释了这个首要目标的内涵。尽管在土地退化地区实施可持续土地管理面临着诸多挑战，但从这个首要目标来看，情景Ⅲ下开展的活动才是可持续土地管理的最佳实践，而情境Ⅱ下开展的活动次优，只是最保守的状态，情境Ⅰ下开展的活动不提倡。

（二）土地生产和服务能力的人口规模弹性与气候弹性

1. 人口弹性

根据以上三种情境，可以进一步解析土地生产和服务能力（P）的人口规模

(G）弹性（elasticity）。弹性表示反应程度或敏感程度，土地生产和服务能力的人口规模弹性是指在其他因素不变的条件下，土地生产和服务能力变动对人口规模或压力变动的反应程度。反应程度或敏感程度的指标是土地生产和服务能力的人口规模弹性系数（$E_{P,G}$），它是土地生产和服务能力变动百分比与人口规模变动百分比之比，计算公式为

$$E_{P,G} = (\Delta P/P)/(\Delta G/G) = (\partial P/\partial G)(G/P) \quad (6\text{-}5)$$

结合弹性计算公式，并观察图 6-2 的三种土地管理情景，不难发现以下三种土地生产和服务能力的人口规模弹性趋势。

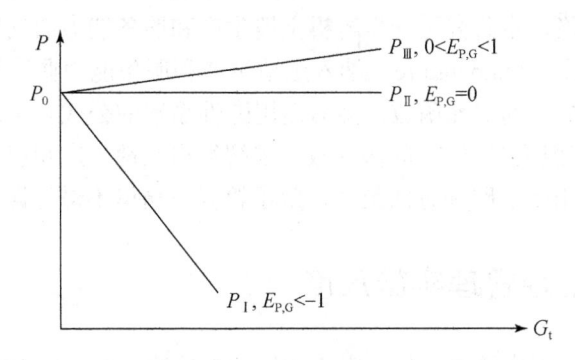

图 6-2 不同土地管理情境下土地生产和服务能力的人口规模弹性

若不采取任何可持续土地管理措施，或者采取传统的粗放的土地管理模式，如情境Ⅰ，即图 6-2 中 P_I 曲线所示，并根据式（6-5）得出导数 $\partial P/\partial G$ 是负值，且小于-1，因此其弹性系数 $E_{P,G}<-1$，即土地生产和服务能力对人口规模或压力富有弹性，或对人口规模或压力的变动敏感，特别是土地退化区更加敏感。这种情境下随着人口规模或压力的增加，土地生产和服务能力由于对人口压力变动比较敏感而非常容易退化。

若采取一定措施实现情境Ⅱ，如图 6-2 中 P_{II} 曲线所示，其弹性系数 $E_{P,G}=0$，表示该情境下的土地生产和服务能力完全无弹性，无论人口规模和压力如何变动，都只能达到维持土地生产和服务能力的基线状态的目标，对于退化的土地而言这已经实属不易，虽还是未能达到提高土地生产力的目标，但也是可持续土地管理的最基本要求。

若采取一系列可持续土地管理措施实现情境Ⅲ的情况，如图 6-2 中 P_{III} 曲线所示，结合式（6-5），此时导数 $\partial P/\partial G$ 为正值，其弹性系数 $0<E_{P,G}<1$，表示可持续土地管理情境下的土地生产和服务能力对人口规模和压力的变动缺乏弹性或不太敏感，但人口规模与土地生产和服务能力呈同方向变动。基于退化的土地，情境Ⅱ已实属不易，那么情境Ⅲ也已非常难得，就更不用说同方向变动且富有弹性

的可持续土地管理的理想状态。因此能做到同方向变动虽缺乏弹性的可持续土地管理已是当前全球土地退化防治的努力方向。

2. 气候弹性

众所周知，土地退化问题主要是人为（如人口压力）和自然（如气候变化）两大因素引起的。控制干旱地区生态系统退化的可持续土地管理对减缓气候变化和保护生物多样性具有重要贡献（Millennium Ecosystem Assessment，2005）。随着国际社会对气候变化的关注，很多国家在应对气候变化的计划中将可持续土地管理纳入其中。

根据以上思路，本研究进一步解析土地生产和服务能力的气候弹性，首先将气候因子，如气温（temperature）纳入土地生产和服务能力曲线的表达式，构建土地生产和服务能力的二元函数，然后运用弹性系数的公式对土地生产和服务能力（P）求关于气温变量（T）的偏导数，求解得出土地生产和服务能力的气候弹性系数（$E_{P,T}$）。由于思路和方法类似，限于篇幅，这里不进行详细解析。

五、可持续土地管理实施尺度

可持续土地管理实施并非只局限于土地这一尺度。Hurni（1997）提出了可持续土地管理的多层利益相关者方法，而本书认为正是由于可持续土地管理涉及多层次的利益相关者，其实施尺度也是多层次的，并且不同尺度之间的实施方法和技术手段不同（图6-3）。可持续土地管理的实施尺度依次包括土地（土壤）、农户（土地利用者等）、社区、景观/流域、国家和国际六个尺度。

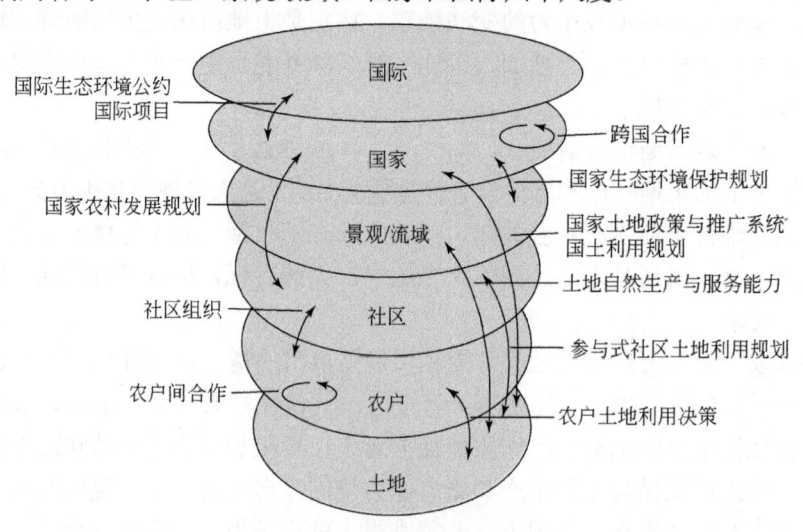

图6-3 可持续土地管理实施尺度

在土地和农户尺度上，土地上各项活动直接受农户土地利用决策的影响，因此需要运用以农户为主体的参与式方法识别问题，并实施各项可持续土地管理技术。同时农户之间可以以农村社区为单位组建农民专业合作组织，建立农民田间学校，实现可持续土地管理服务规模效应。

在社区尺度上，外部专家可以通过社区参与等方法与当地社区共同编制适合当地的、可接受性强的社区土地可持续利用方案。

在景观/流域尺度上，当地的生态系统与土地是一个生命共同体，当地生态系统良好的、稳定的运行，有利于当地土壤肥力的形成和土地自然生产力的提高，因此在当地还需要开展生态系统的保护和修复行动，从而提高景观或流域的生态系统服务功能。

在国家尺度上，可持续土地管理的决策通常可以通过国家农村农业相关发展规划、生态环境保护相关规划等来落实，具体的可以通过土地改革、法律、税收、补贴、生态补偿等社会经济政策进行宏观调控。另外，国家之间还可以开展跨国合作、双边或多边合作。

在国际尺度上，通过制定《联合国防治荒漠化公约》《联合国气候变化框架公约》《联合国生物多样性公约》等一系列国际公约，或通过一些国际组织在有关国家实施国际项目来实施可持续土地管理理念。

由图 6-3 可以看出，可持续土地管理需要通过以上不同尺度来共同实施、共同发挥作用。另外通过图 6-3 也可以明晰可持续土地管理的框架和步骤，并明确下一步实施尺度、内容和方法。因此可持续土地管理是在多个尺度上通过不同的技术和方法综合实施的一个过程，也是一个自下而上和自上而下相结合的系统方法。

六、可持续土地管理实施途径及其技术与方法

根据可持续土地管理的各个具体目标，可持续土地管理的实施必然需要多方面的、综合的途径以及多样的技术措施与活动，主要可以归纳为生态途径、经济途径和社会途径三大类。可持续土地管理要求三种途径同时实施，共同发挥作用，缺一不可，相互促进，这样方能实现可持续土地管理的生产目标、安全目标、保护目标、经济可行和社会认可的目标。其每一种途径都有其丰富的技术措施与活动（表 6-3）。WOCAT 建立了全球可持续土地管理数据库，从世界范围内共收集到了 1433 个可持续土地管理最佳实践，其中包括了 994 项技术和 439 个方法（WOCAT，2018）。可持续土地管理技术是指控制土地退化并加强生产力和其他生态系统服务的土地管理实践，而可持续土地管理方法是指实施可持续土地管理技

术的方式和手段,包括利益相关者的参与及其作用(WOCAT,2018)。

表 6-3 可持续土地管理实施途径及其技术与方法

实施途径	主要的相关技术与方法	可实现的目标
生态途径	边坡等高线围堤分流,建太阳能温室,锁孔状作物耕作,梯地果园间作,人工林微型灌溉,种植苜蓿恢复退化牧场,将作物残渣处理为水土保护层,传统轮耕,使用绿肥,建立沙生植物园,农林复合经营、轮作等	目标1:保持、提高生产和服务(生产性); 目标2:降低生产风险(安全性); 目标3:保护自然资源潜力和防止水土退化(保护性)
经济途径	进行成本效益分析,实施替代生计,引入新品种/良种,增加农户收入,农产品市场开发等	目标1:保持、提高生产和服务(生产性); 目标4:确保经济上是可行的(经济可行性)
社会途径	编制参与式可持续土地管理行动计划,完善生态环境保护立法,利益相关者的参与,保护地的社区共管,通过田间学校传授妇女技能,引入非政府组织和私人部门的参与,组建土地管理小组,成立自然资源管理小组,建立可持续土地管理的劳力分享小组,建立村级种子银行,建立水利用小组,通过培训增强意识,构建风险预警系统,土地退化防治技术推广等	目标5:确保社会上是可接受的(社会认同性)

资料来源:WOCAT(2018)

七、与综合生态系统管理的比较

为了更好地理解可持续土地管理的内涵,有必要与过去提出的综合生态系统管理理念进行比较。

一直以来土地退化防治都得到了联合国环境规划署、联合国粮食及农业组织、全球环境基金、亚洲开发银行等国际组织和机构的高度关注,都曾应用综合生态系统管理等理念,为指导和支持土地退化防治做出了积极贡献。综合生态系统管理是管理自然资源和自然环境的一种综合管理战略和方法,它要求综合对待生态系统的各组成成分,综合考虑生态系统的服务价值,综合采用多学科的知识和方法,运用行政的、市场的和社会的调整机制,来解决生态系统内各类资源的利用、生态保护和生态退化的问题,以达到创造和实现经济的、社会的和环境的多元惠益,实现人与自然的和谐共处。简单而言,综合生态系统管理是以生态系统为研究对象,通过社会和经济为外部系统促进生态系统综合修复和管理措施的一种理念。从2004年起,全球环境基金启动了旨在帮助中国采用综合生态系统管理方法,把法律、规划、行动、管理与政策支持等有机地统一和协调起来,并在中国西部地区实施了减少贫困、抑制土地退化和恢复干旱生态系统的中国-全球环境基金干旱生态系统土地退化防治伙伴关系项目,以上工程与项目均取得了显著的成效。

第六章 可持续土地管理内涵与指标体系

虽然综合生态系统管理和可持续土地管理的终极目标都是可持续发展，而且与可持续土地管理一样，都涉及社会系统和经济系统问题，但它们位置和作用不同（图 6-4 和图 6-5）。

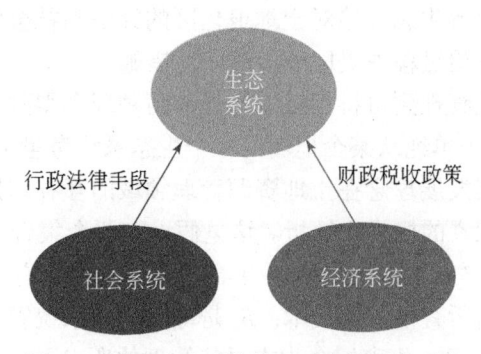

图 6-4 综合生态系统管理理念的单核系统

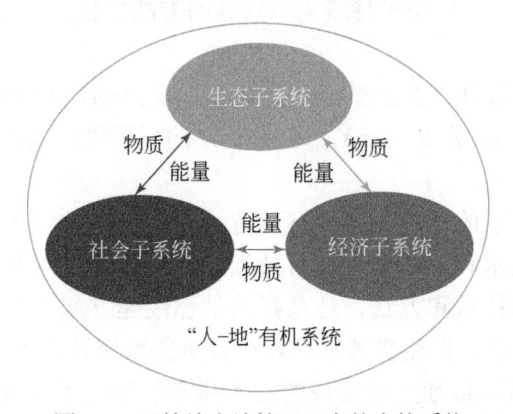

图 6-5 可持续土地管理理念的多核系统

生态系统是综合生态系统管理理念的核心系统，而社会系统和经济系统是外部系统和服务系统，主要通过社会系统的行政法律手段和经济系统的财政税收手段来促进生态系统的保护和修复。因此综合生态系统管理是一个单核系统。

可持续土地管理理念借助多学科知识，综合考虑工业、农业、林业、娱乐、文化和其他活动，协调部门内部、多个部门之间的各种关系，在多尺度上规划系统各要素，优化社会、经济和生态目标，找出社会、经济和生态长期可行的、可接受的解决方案，保证土地利用者的权益和未来对土地等相关资源的需求得到持续的保障。可见，可持续土地管理理念将社会、经济和生态作为一个有机系统来综合考虑土地退化防治的问题。它不局限于土地本身，也不局限于生态系统及其内在要素或组成部分，它要解决的不仅仅是当地生态问题，也是社会问题和经济问题。生态系统、社会系统和经济系统都是可持续土地管理理念的子系统与核心，它们处于同等重要的位置。社会、经济和生态作为这个有机系统的子系统，通过物质能量可持续的相互传输和循环，共同实现可持续的土地管理。这种系统更加有助于强调气候变化等生态环境对土地退化区的经济和社会的现有与潜在影响，并能够在土地退化防治过程中采取积极的应对措施。

从综合生态系统管理到可持续土地管理，两种理念得到了有机结合、融会贯通，不仅可以摆脱过去单纯从某个地域的一个生态系统考量土地资源管理的局限，而且可以实现可持续发展理念在土地资源管理领域的互补和提升。它们之间的关系可以通过集合与元素的概念来解析。这里假设有四个集合，分别是 A、B、X 和 Y。其中 A 是综合生态系统管理的技术集合，该集合的所有元素用 a 表示，代表综合生态系统管理的所有不同的技术；B 是综合生态系统管理的方法集合，该集合的所有元素用 b 表示，代表综合生态系统管理的所有不同的方法；X 是可持续土地管理的技术集合；Y 是可持续土地管理的方法集合，那么这些元素和集合存在以下关系。

如果 A 集合的所有元素 a 都属于 X 集合，即 $a \in A$，则 $a \in X$，但 X 集合至少有一个元素不属于 A，那么 $A \subset X$，即 A 是 X 的真子集。同理，$B \subset Y$，即 B 是 Y 的真子集。

通过集合与元素的概念不难理解可持续土地管理的技术和方法包括了综合生态系统管理的技术和方法。其实可持续土地管理的技术和方法不仅仅包括综合生态系统管理的技术和方法，还包括其他已经建立起来的技术和方法，如水土保持、保护型农业、自然资源管理和综合生态系统管理等（Motavalli et al.，2013）。因此，虽然可持续土地管理的技术和方法包括了综合生态系统的，但可持续土地管理的某些技术和方法不一定属于综合生态系统管理的技术和方法。

从综合生态系统管理到可持续土地管理的变迁过程中，后者吸取了前者的优点，并能更好地适应气候变化和绿色发展的大背景。本质上都是期望通过加强土地退化防治实现当地的可持续发展。但在系统属性、具体目标、实施尺度等方面还具有一定的差异，二者异同的总结见表6-4。

表6-4 综合生态系统管理和可持续土地管理的比较

比较内容	综合生态系统管理	可持续土地管理
本质	可持续发展	可持续发展
系统属性	生态系统为核心，社会经济系统为外部促进系统的单核系统	多核系统，社会、经济和生态为"人-地"有机系统的子系统，都为核心系统，且为同等重要位置

续表

比较内容	综合生态系统管理	可持续土地管理
具体目标	保护生态系统结构及其服务功能为优先目标	维持和提高生产力、提高风险抵抗能力、保护自然资源、经济可行、社会可接受
实施尺度	适当的时空对生态系统进行管理	从土地到国际多尺度和利益相关者
实施途径	生态途径为主，社会经济手段为辅	生态、社会和经济途径共同实施
技术和方法	生态保护与修复为主的技术和方法	包括其他已经建立起来的技术和方法，如水土保持、保护型农业、自然资源管理和综合生态系统管理等
其他	强调生物多样性的保护与利用	更强调减缓和适应气候变化、绿色发展

第三节 可持续土地管理指标体系构建

一、可持续土地管理评价研究回顾

通过以上对可持续土地管理内涵进行的解析，我们可以清楚地理解可持续土地管理的基本要求和目标等。虽然不能直接测量可持续性，但也可以对可持续性进行评价，在特定地点控制给定系统功能的过程并评价其性能和方向（Smyth and Dumanski，1993）。可持续土地管理的概念已不断应用于土地管理决策，而且其定义的灵活性并没有削弱其评价的价值和质量（Dumanski，1997）。

因此，国际上很早就开展了可持续土地管理评价相关工作。最早的研究和评价工作起源于1991年泰国清莱的一个研讨会，该研讨会建议成立国际土壤科学联合会的国际工作组，并建议制定一项程序，以监测和评价在可持续土地利用系统方面取得的进展。1993年在加拿大莱斯布里奇的一个研讨会上，强调了构建可持续土地管理指标作为监测和评价的工具。这些经验的结果发表在1994年阿卡普尔科的第15届国际土壤科学大会上。随后的国际研讨会都将土地质量指标作为可持续土地管理指标的一部分，这里也包括 Dumanski（1997）的研究；Cornforth（1999）则对可持续土地管理评估指标的选择进行了研究。进入21世纪，随着可持续土地管理理念在全球的推广，各个国家和学者也开始了一些可持续土地管理评价工作，如 Hurni（2000）的研究；Rdb 等（2000）根据越南、印度尼西亚和泰国等国家的调查，研究可持续土地管理指标；Weiland 等（2011）对智利圣地亚哥的可持续土地管理进行了评价；Reed 等（2011）开展了可持续土地管理跨区域的监测与评估方法框架研究。Schwilch 等（2011）则总结了可持续土地管理监测与评估的一些经验。

从 20 世纪 90 年代后期开始，国内也开始开展了一些可持续土地管理的相关评价，如王良健等（1999）对广西壮族自治区梧州市的可持续土地管理进行了评估；韩斌等（2004）以云南省西双版纳傣族自治州一个山地社区为对象，进行了可持续土地管理评估；蒙琳等（2005）则通过信息系统开展了县级可持续土地管理评价研究；王莉和陈浮（2011）建立了区域可持续土地管理评价指标体系；He 等（2017）以上海为例，对大城市的可持续土地管理开展了评估研究。

其中最为经典和常用的是 Smyth 和 Dumanski（1993）为联合国粮食及农业组织制定的可持续土地管理评价框架，涉及生产性、安全性、保护性、经济可行性、社会可接受性五个目标（具体内容见联合国粮食及农业组织 1993 年的出版物——《可持续土地管理评价纲要：评价可持续土地管理的一个国际框架》）。后期的很多学者或研究都是基于这五个目标来进行评价应用的。

联合国粮食及农业组织的可持续土地管理评价指标体系以及上述大部分研究主要针对的是大尺度的可持续土地管理评价，如区域、县域、城市，甚至跨区域的可持续土地管理评价，但对可持续土地管理项目实施地的针对性评价还比较缺乏。前者这类可持续土地管理评价的好处就是大区域上的数据比较容易收集，一般有现成的统计数据，但无法精准和有针对性地评价当地的实际情况，而后者面临的困难是一般无现成的统计数据。但根据现有的实践看，通过参与式监测和评价，明确当地信息员、数据采集手段、方法和工具，以及信息源，并结合专家加以培训就可以解决这个问题，其优点是所获得的信息是一手资料，相对于现有发表的统计数据更能反映当地的土地管理实际情况。

二、基于土地退化防治的可持续土地管理评价指标体系构建

本研究根据可持续土地管理内涵的解析，来设定可持续土地管理的基本要求或标准。按照联合国粮食及农业组织关于可持续土地管理评价的五个准则层，即生产性、安全性、保护性、经济可行性、社会可接受性，这五个准则层是目标性指标设置所需要遵循的基本原则，并按照可持续土地管理的基本定义和内涵分别构建三个目标层：经济可行性、社会认同性和生态稳定性，目标层下设指标层，指标层可设置若干指标。评价指标体系层次结构见表 6-5。

第六章 可持续土地管理内涵与指标体系

表 6-5 可持续土地管理评价指标体系层次结构

总目标	准则层	目标层	一级指标	二级指标
可持续发展	生产性	经济可行性 A	指标 A_1	指标 A_{11}
				指标 A_{12}
				指标 A_{1n}
	经济可行性		指标 A_2	指标 A_{21}
				指标 A_{22}
				指标 A_{2n}
			指标 A_n	指标 A_{n1}
				指标 A_{n2}
				指标 A_{nn}
	安全性	生态稳定性 B	指标 B_1	指标 B_{11}
				指标 B_{12}
				指标 B_{1n}
			指标 B_2	指标 B_{21}
				指标 B_{22}
				指标 B_{2n}
	保护性		指标 B_n	指标 B_{n1}
				指标 B_{n2}
				指标 B_{nn}
	社会可接受性	社会认同性 C	指标 C_1	指标 C_{11}
				指标 C_{12}
				指标 C_{1n}
			指标 C_2	指标 C_{21}
				指标 C_{22}
				指标 C_{2n}
			指标 C_n	指标 C_{n1}
				指标 C_{n2}
				指标 C_{nn}

根据以上指标体系结构，本书采用清单式指标类型，以比较全面地描述当地的可持续土地管理实践，这种指标类型的优点是覆盖面广，有很强的描述功能，灵活性、通用性较强，许多指标容易做到国际一致性和可比性等，缺点是综合程

度低，在进行整体性比较时有一定困难。一般多从社会、经济、环境、管理等几个方面进行描述。

通过可持续土地管理指标体系的构建，可以对当前土地退化防治示范项目进行可持续土地管理评价，观察相应的措施或活动是否符合可持续土地管理的基本要求或原则，也为今后土地退化防治工作提供引导。在建立指标体系和相应的评价方法方面，根据可持续土地管理的含义，指标设计从社会认同性、经济可行性、生态稳定性三个方面来考虑（表6-6）。

表6-6 可持续土地管理指标体系

目标层	一级指标	二级指标	计算式
社会认同性	土地权属明晰	土地确权面积比例	确权的土地面积/项目总面积
	绿岗就业率	项目吸纳劳动力比例	项目吸纳的劳动力数/当地总劳力数
	社区参与	直接参与项目的村民比例	参与项目村民数/当地村民总数
	社会性别发展	妇女参与比例	参与项目妇女数/参与项目村民数
	公私伙伴关系发展	社会资本投入比例	社会资本投入金额/总投资金额
	生计改善	家庭土地年收入增长率	（当地土地年收入-去年土地年收入）/去年土地年收入
	乡土知识保护	乡土知识在项目中的应用比例	项目使用乡土知识或传统文化数/项目使用技术和方法总数
	共同富裕	基尼系数	专家计算或者直接用当地统计数据
经济可行性	可行的成本效益	成本效益率	效益/成本
	可持续的投资	资本投资增长率	（当年资本投入量-去年资本投入量）/去年资本投入量
	土地生产力的提高	土地生产率增长率	（当期土地生产率-前期土地生产率）/前期土地生产率
		粮食产量增长率	（当期粮食产量-前期粮食产量）/前期粮食产量
		农产品商品率增长率	（当期农产品商品率-前期农产品商品率）/前期农产品商品率
		农业劳动生产率增长率	（当期农业劳动生产率-前期农业劳动生产率）/前期农业劳动生产率
		单位林木蓄积量增长率	（当期单位林木蓄积量-前期单位林木蓄积量）/前期单位林木蓄积量
		人均肉类产品产量增长率	（当期人均肉类产品产量-前期人均肉类产品产量）/前期人均肉类产品产量

续表

目标层	一级指标	二级指标	计算式
生态稳定性	气候变化的适应性	单位面积碳汇量增长率	（当期单位面积碳汇量-前期单位面积碳汇量）/前期单位面积碳汇量
		耐火植物比例	耐火植物种类数/植物种类总数
		清洁能源使用比例	在使用清洁能源的户数/当地社区总户数
	生物多样性保护	生物多样性指数	专家计算
		保护地比例	保护地面积/当地行政区土地总面积
	土壤污染防治	病虫害生物防治率	使用生物防治的土地面积/土地总面积
		有机肥使用率	使用有机肥的土地面积/土地总面积
	水土保持	水土流失总治理度	水土流失治理达标面积/水土流失总面积
		林草覆盖率	林草类植被覆盖面积/土地总面积

社会认同性，反映当地土地管理情景的社会可接受性，即从利益相关者或者社会利益分配上分析土地管理方式是否会损害其他地区（或群体）的利益以及损害程度和补偿情况。主要指标涉及土地权属明晰、绿岗就业率、社区参与、社会性别发展、公私伙伴关系发展、生计改善、乡土知识保护和共同富裕（或贫富差距缩小）等。

经济可行性，反映土地资源利用和管理方式在不会使土地退化或进一步退化的基础上所产生的经济效益，意味着土地利用管理活动的效益或报酬应超过成本，即从经济效益角度分析土地管理的合理性、可行性和可持续性。主要指标涉及可行的成本效益率、可持续的投资和土地生产力的提高（土地生产率增长率、粮食产量增长率、农产品商品率增长率、农业劳动生产率增长率、单位林木蓄积量增长率、人均肉类产品产量增长率）。

生态稳定性，主要考虑土地利用和管理方式与自然和气候条件的适宜性，以及土地利用过程给环境带来的影响。在土地适宜性中，不仅要考虑自然条件对某种土地利用方式的支撑，还要考虑对土地利用的限制和约束，即资源约束。土地利用对环境的影响包括消极的和积极的两方面，如土壤污染、退耕还林等。主要指标涉及气候变化的适应性（单位面积碳汇量增长率、耐火植物比例、清洁能源利用比例）、生物多样性保护（生物多样性指数、保护地比例）、土壤污染防治（病虫害生物防治率、有机肥使用率）、水土保持（水土流失总治理度、林草覆盖率）。

三、可持续土地管理评价指标体系分析方法

评价指标体系的分析方法包括总分评价法、指数综合法、综合功效系数法、层次分析法和主成分分析法等,本书主要介绍常用且比较简单的层次分析法。

(一)层次分析法概述

层次分析法是指将与决策总是有关的元素分解成目标、准则、方案等层次,在此基础上进行定性和定量分析的决策方法。该方法是美国运筹学家、匹兹堡大学教授萨蒂(T. L. Saaty)于20世纪70年代初,在为美国国防部研究"根据各个工业部门对国家福利的贡献大小而进行电力分配"课题时,应用网络系统理论和多目标综合评价方法,提出的一种层次权重决策分析方法。

层次分析法将一个复杂的多目标决策问题作为一个系统,把目标分解为多个目标或准则,进而分解为多指标(或准则、约束)的若干层次,通过定性指标模糊量化方法算出层次单排序(权数)和总排序,以作为目标(多指标)、多方案优化决策的系统方法。

层次分析法是将决策问题按总目标、各层子目标、评价准则直至具体的备投方案的顺序分解为不同的层次结构,然后用求解判断矩阵特征向量的办法,求得每一层次的各元素对上一层次某元素的优先权重,最后再加权求和的方法递阶归并各备择方案对总目标的最终权重,此最终权重最大者即为最优方案。

层次分析法比较适合于具有分层交错评价指标的目标系统,而且目标值又难于定量描述的决策问题(许树柏,1988)。层次分析法根据问题的性质和要达到的总目标,将问题分解为不同的组成因素,并按照因素间的相互关联影响以及隶属关系将因素按不同层次聚集组合,形成一个多层次的分析结构模型,最终使问题归结为最低层(供决策的方案、措施等)相对于最高层(总目标)的相对重要权值的确定或相对优劣次序的排定。

层次分析法有以下优点(赵静等,2014)。

1)系统性的分析方法。层次分析法把研究对象作为一个系统,按照分解、比较判断、综合的思维方式进行决策,成为继机理分析、统计分析之后发展起来的系统分析的重要工具。系统的思想在于不割断各个因素对结果的影响,而层次分析法中每一层的权重设置最后都会直接或间接影响结果,而且在每一层的每个因素对结果的影响程度都是量化的,非常清晰明确。这种方法可用于对无结构特性的系统评价以及多目标、多准则、多时期等的系统评价。

2)简洁实用的决策方法。层次分析法既不单纯追求高深数学,又不片面地注

重行为、逻辑、推理，而是把定性方法与定量方法有机地结合起来，使复杂的系统分解，能将人们的思维过程数学化、系统化，便于人们接受，且能把多目标、多准则又难以全部量化处理的决策问题简化为多层次单目标问题，通过两两比较确定同一层次元素相对上一层次元素的数量关系后，最后进行简单的数学运算。计算简便，并且所得结果简单明确，容易为决策者了解和掌握。

3）所需定量数据信息较少。层次分析法主要是从评价者对评价问题的本质、要素的理解出发，比一般的定量方法更讲求定性的分析和判断。由于层次分析法是一种模拟人们决策过程的思维方式的一种方法，把判断各要素的相对重要性的步骤留给了大脑，只保留人脑对要素的印象，化为简单的权重进行计算，这种思想能处理许多用传统的最优化技术无法着手的实际问题。

层次分析法主要应用在安全科学和环境科学领域。在安全生产科学技术方面主要应用包括煤矿安全研究、危险化学品评价、油库安全评价、城市灾害应急能力研究以及交通安全评价等；在环境保护研究中的主要应用包括水安全评价、水质指标和环境保护措施研究、生态环境质量评价指标体系研究以及水生野生动物保护区污染源确定等（郭金玉等，2008）。

（二）层次分析计算步骤

（1）建立层次结构模型

将决策的目标、考虑的因素（决策准则）和决策对象按它们之间的相互关系分为最高层、中间层和最低层，绘出层次结构图。最高层是指决策的目的、要解决的问题。最低层是指决策时的备选方案。中间层是指考虑的因素、决策的准则。对于相邻的两层，称高层为目标层，低层为因素层。

（2）构造判断（成对比较）矩阵

在确定各层次各因素之间的权重时，如果只是定性的结果，则常常不容易被别人接受，因而 Saaty 等提出一致矩阵法，即不把所有因素放在一起比较，而是两两相互比较，对此时采用相对尺度，以尽可能减少性质不同的因素相互比较时的困难，以提高准确度，如对某一准则其下的各方案进行两两对比，并按其重要性程度评定等级。a_{ij} 为要素 i 与要素 j 重要性比较结果，表 6-7 列出 Saaty 给出的 9 个重要性等级及其赋值。按两两比较结果构成的矩阵称为判断矩阵。判断矩阵具有如下性质：

$$a_{ij} = 1/a_{ij}$$

判断矩阵元素 a_{ij} 的比例标度见表 6-7。

表6-7 比例标度

因素 i 比因素 j	量化值
同等重要	1
稍微重要	3
较强重要	5
强烈重要	7
极端重要	9
两相邻判断的中间值	2、4、6、8

（3）层次单排序及其一致性检验

对应于判断矩阵最大特征根 λ_{max} 的特征向量，经归一化（使向量中各元素之和等于1）后记为 W。W 的元素为同一层次因素对于上一层次因素某因素相对重要性的排序权值，这一过程称为层次单排序。能否确认层次单排序，则需要进行一致性检验，所谓一致性检验是指对 A 确定不一致的允许范围。其中，n 阶一致矩阵的唯一非零特征根为 n；n 阶正互反矩阵 A 的最大特征根 $\lambda \geq n$，当且仅当 $\lambda = n$ 时，A 为一致矩阵。

λ 连续地依赖 a_{ij}，则 λ 比 n 大得越多，A 的不一致性越严重，一致性指标用 CI 计算，CI 越小，说明一致性越大。用最大特征值对应的特征向量作为被比较因素对上层某因素影响程度的权向量，其不一致程度越大，引起的判断误差越大。因而可以用 $\lambda - n$ 数值的大小来衡量 A 的不一致程度。定义一致性指标为

$$CI = (\lambda - n)/(n - 1)$$

CI=0，有完全的一致性；CI 接近于0，有满意的一致性；CI 越大，不一致性越严重。

为衡量 CI 的大小，引入随机一致性指标 RI：

$$RI = (CI_1 + CI_2 + \cdots + CI_n)/n$$

其中，随机一致性指标 RI 和判断矩阵的阶数有关，一般情况下，矩阵阶数越大，则出现一致性随机偏离的可能性也越大，其对应关系见表6-8。

表6-8 随机一致性指标 RI 标准值

矩阵阶数	1	2	3	4	5	6	7	8	9	10
RI	0	0	0.58	0.90	1.12	1.24	1.32	1.41	1.45	1.49

注：标准不同，RI 的值也会有微小的差异

考虑到一致性的偏离可能是由随机造成的，在检验判断矩阵是否具有满意的

一致性时，还需要将 CI 和随机一致性指标 RI 进行比较，得出检验系数 CR，计算公式为

$$CR=CI/RI$$

一般，如果 CR<0.1，则认为该判断矩阵通过一致性检验，否则就不具有满意一致性。

（4）层次总排序及其一致性检验

计算某一层次所有因素对于最高层（总目标）相对重要性的权值，称为层次总排序。这一过程是从最高层次到最低层次依次进行的。

第四节　结论与政策含义

一、结论

本书通过可持续土地管理典型概念描述的归纳分析，剖析其核心思想、具体目标及其内涵和时空布局，运用简单的数理分析解构可持续土地管理情景的土地生产和服务能力曲线及其人口规模弹性和气候弹性，然后归纳分析可持续土地管理的实施尺度、实施途径及其技术和方法，并与综合生态系统管理理念进行比较分析，得出以下结论。

1）可持续土地管理并无统一的定义，其概念描述灵活，但其本质、内涵、核心与目标都紧紧围绕着可持续发展的要义，使得可持续土地管理在各个领域得以广泛的应用。

2）根据可持续土地管理的时空布局分析，可持续土地管理是同时关注世代土地和其他自然资源的社会、经济和生态价值的理念。

3）其他条件不变的情况下，可持续土地管理要求随着人口规模的变动而使土地生产和服务能力得以维持或者提高，要求此时土地生产和服务能力对人口压力变动和气候变化不敏感，并能正向变动。

4）可持续土地管理是基于多利益相关者在多个尺度上通过生态、社会和经济途径的不同技术与方法综合实施的一个过程，也是一个自下而上和自上而下相结合的系统方法。

5）可持续土地管理是综合生态系统管理的提升，可持续土地管理的技术和方法还包括除综合生态系统管理之外的技术和方法。

6）区别于现有区域的和大规模的可持续土地管理评价指标体系，以可持续土地管理的五个具体目标为基本准则，凝练出社会认同性、经济可行性和生态稳定

性三个目标层来展开指标设置，比较适合针对土地退化项目实施地的小规模及尺度的评价，操作简单易行。

二、政策含义

根据可持续土地管理情境的生产和服务能力曲线及其弹性的内涵解析，本书认为越是人口密集区，人口规模和压力越大，而且土地生产和服务能力关于人口规模和压力的变动越敏感，就越要注重可持续土地管理，因此在国际上，如联合国欧洲经济委员会将可持续土地管理的理念就应用到了城镇等人口密集区的空间规划领域。我国正在进行的疏散非首都功能其实也是可持续土地管理在特大城市空间规划的应用。

那么对于我国西部土地退化地区，随着人口或劳动力向城镇的转移，许多农村普遍出现农地撂荒的现象，当地的土地面临的人口规模和压力相对减少，因此在当地积极开展可持续土地管理也迎来了历史机遇，可以就地实施休耕轮作，生态修复和补偿等技术和政策措施，维持和恢复土地自然生产和服务能力。

对于我国土地退化严重，生态环境恶劣的地区，由于土地生产和服务能力的人口规模弹性与气候弹性都比较大，即比较敏感和脆弱，实施生态移民和扶贫搬迁政策，然后进行封山育林或近自然修复不失为一个良策。

通过对可持续土地管理实施尺度、途径、技术和方法的归纳分析，本书认为可持续土地管理在我国土地退化区的实施需要结合当前不同层次利益相关者的需求（如联合国《2030年可持续发展议程》和土地零退化目标的需求，以及国家精准扶贫和乡村振兴的需求等）在不同尺度制定相应政策，一方面将可持续土地管理融入国家落实《2030年可持续发展议程》，编制西部各省（自治区）可持续土地管理战略；另一方面将可持续土地管理的具体目标与国家精准扶贫和乡村振兴相关战略相结合。

第七章 可持续土地管理制度与政策机制构建

可持续土地管理体系的构建是一项复杂的系统工程，需要破除传统体制机制中存在的弊端，结合实际，建立促进土地退化防治与经济发展、社会进步相协调的可持续土地管理体系。

第一节 总体思路

全面贯彻党的十九大精神，以习近平新时代中国特色社会主义思想为指导，按照党中央、国务院决策部署，坚持保护和合理利用土地的基本国策，坚持以保护优先、治理优先、恢复优先为主方针，立足我国社会主义初级阶段的基本国情和新的阶段性特征，以构建科学合理的可持续土地退化防治制度与政策机制为目标，以正确处理人与土地关系为核心，以解决土地退化过程中出现的各类生态环境问题为导向，注重制度与政策体系的系统性、整体性、协同性，加快建立政府主导下多元共治的土地退化防治新局面。力争到2035年，在土地退化防治主要领域、关键制度建设与政策机制方面取得明显成效，基本形成规范合理和运行有效的可持续土地管理体系，为基本实现社会主义现代化提供良好的土地制度与政策保障。

构建可持续土地管理制度与政策机制主要从以下几个方面着手。

思路一：用最严格的制度防治土地退化。土地退化防治不可避免会改变原有经济社会发展方式，触及社会利益，这导致治理过程必然会遭遇阻碍。因此，土地退化治理必须优先构建最严格的制度体系，制度要优先于资金和技术，也要优先于道德和自律。

思路二：依法防治土地退化。在充分调查研究和科学论证的基础上，制定完善的土地治理法规政策和标准体系，提高法规政策的科学性和可行性，确保制度得以有效实施。对已涉及土地退化防治的法规政策和标准加快修改、修订与废止，使其适应当前生态文明建设发展和西部土地退化防治的实际需要。

思路三：自上而下和自下而上相结合防治土地退化。土地退化防治不仅仅是一个自上而下的过程，也需要与自下而上相结合。制度与政策的制定部门，更需要重视基层民意。此外，要充分发挥地方政府土地退化工作的创造性和主动性，国家重要土地退化防治制度的出台应以不同省（自治区）试点作为基础。

思路四：多元化参与土地退化防治。长期以来，以政府主导行政指令式的土地治理体系几乎占据土地治理的全部，造成企业与群众参与不够，政府监督不力。要加快构建政府主导、市场调节、社会行动的多元共治体制，完善各类主体互相支持、联合行动、监督制衡的制度与政策执行机制，全面提高土地退化防治的实施效能。

第二节 基 本 原 则

一、多方参与的原则

明确治理活动不同参与者的作用和责任，进一步转变政府职能，建立能够使个人、企业等发挥积极作用的参与机制，以更好地促进土地退化防治与经济、社会协调发展。

二、长期与短期目标相结合的原则

土地退化防治不但需要立即采取实际行动，制定短期目标，还需要制定长期目标和计划，为子孙后代提供保障。要保证政策目标的一致性，经济、社会与土地政策应相互依存、相互促进，而不应相互矛盾。

三、突出系统性和协同性的原则

不同类别的制度、政策集合在一起，要有总体的设计。各项具体制度及有关制度形成的制度链需要系统考虑，应重视治理制度政策与其他制度之间的协调和协同作用。

四、以法制为保障的原则

强调法律法规重要性。法律法规的设立是为了对土地治理目标以及要求提供支持，而不是为了满足利益群体、企业或个人的某些偏好和主张。

五、强调职能清晰和权责统一的原则

主体的责任、权力和利益应统一，充分体现公平和公正的原则。制度政策从规范内容到执行，各类主体的职能必须明确，并应考虑制度政策执行主体是否具有与其职能相匹配的能力。

六、突出山水林田湖草是一个生命共同体的原则

按照生态系统的整体性、系统性及其内在规律，统筹考虑土地退化防治要素，进行整体保护、系统修复、综合治理，增强土地的生产力，维护生态平衡。

第三节 可持续土地管理制度框架

可持续土地管理制度框架的构建涉及土地退化防治制度的分类，制度本身有不同的层次，从不同目的、不同角度出发可有多种分类。遵照前述指导思想和原则，考虑到以往土地退化防治的实践，并尽可能与已有的研究工作衔接，面向未来的可持续土地管理制度体系，从制度覆盖的内容来分类，可分为四大体系，即法律体系、规划体系、管理体系与监督体系。

一、以"自然资源法"为统领的法律体系

（一）制定并明确"自然资源法"的统领性地位

加强土地退化防治重点领域法律体系建设，加快制定"自然资源法"，确立其为土地退化防治领域的基本法，统筹协调现行土地管理领域相关法律，并将其纳入西部各省（自治区）立法计划，加快明确法理、法律依据。加强推进立法和改革决策相衔接，做到重大改革于法有据、立法主动适应经济社会发展、满足生态文明建设需要。在增强"自然资源法"地位时，要重点解决以下问题：一是当前土地保护治理制度运行中的突出问题必须优先予以解决，即土地征用与补偿标准问题；二是处理好与《中华人民共和国土壤污染防治法》《中华人民共和国防沙治沙法》三者之间的关系，进一步细化、扩展土地退化防治的制度内容，或者制定专门的配套法规制度，对评价机制、划定条件、规划实施与变更、环境标准、应急制度等内容进行详细规定；三是以"自然资源法"为依托，结合土地退化，科

学划定并严守西部地区生态红线,实行生态红线总量管控,并出台相关细则。

(二)加强现有相关法律法规的修订

修改《中华人民共和国水土保持法》《中华人民共和国土地管理法》《中华人民共和国草原法》《中华人民共和国森林法》等法规文件中与土地退化防治有关的规定。退化土地治理和可持续管理具有目标性、步骤性与阶段性。在土地退化防治和管理过程中,应及时总结治理经验和历史教训,对于治理过程中能够在区域甚至全国层面推广、复制的经验应该及时予以明确和进一步科学论证;对于因现有政策和制度引起的教训问题也应予以深度分析,通过运用修、改、废、释等形式,改变修法严重滞后现象,增强法律法规的及时性、系统性、针对性、有效性,并引领退化土地的进一步可持续管理。此外,我国有关退化土地管理的相关法律法规大多带有部门立法色彩,常纪文在《中国环境报》曾指出,"如仔细对比分析不同法律的条文,可以发现,无论是监管体制还是监管职责,都存在很多相互冲突和覆盖遗漏的问题。每个部门都有自己负责实施的基础性和专门性法律,各成体系,而这些法律的草案大都是这些部门自己负责起草,多多少少带有部门利益的色彩"[①]。因此,在可持续土地退化管理法律体系构建过程中,需使用整体生态价值观的理念去指导并加强现有法律法规的修订,加快摆脱部门立法局限与利益痕迹,增进理性博弈,注重现有法律法规的联系性与整体性。

二、以"多规合一"为导向的土地退化防治规划体系

我国规划体系内"多规"之间的矛盾和冲突导致土地资源配置不科学、不合理,严重制约土地退化防治成效。而当前"多规合一"也多是从概念衔接、体制创新和技术融合等角度协调各类规划,治标不治本。因此,亟待构建一套科学完善、全域覆盖、上下联动、可操作性强的土地退化防治规划体系。本书将其分为三个层次,即国家层面的可持续土地管理战略规划、省级层面的可持续土地管理战略规划、地方层面的可持续土地管理战略规划。

(一)国家层面的可持续土地管理战略规划

第一层次——国家层面的可持续土地管理战略规划主要内容包括三大部分:一是提出我国未来规划期限内在土地退化防治方面达到的目标,涉及的经济、社会、生态等领域指标,以及要完成这些目标任务所要遵循的发展原则和战略对策。

---

① 发表于《中国环境报》2014年10月28日第02版。

二是对建设项目及其他一些需要落地的项目，编制详细可操作的实施规划，确保项目实施规划在编制时同涉及的地方规划协调一致。三是提出保障措施，保证下级规划的编制实施必须遵循国家提出的基本原则和基本依据。该层次规划侧重目标层面上的原则性和指导性的纲领。

（二）省级层面的可持续土地管理战略规划

第二层次——省级层面的可持续土地管理战略规划主要对本省（自治区）行政区内的退化土地治理做出指导与安排，除了根据国家层面规划提出的基本原则和基本依据进行编制外，同时还要因地制宜考虑当地资源禀赋和社会经济等具体情况制定本省（自治区）行政区内可持续土地管理政策战略，划定空间管制区和控制线。若涉及跨省域行政区的区域规划，须与其省域规划相衔接。该层次的规划是国家层面规划的细化，也属于战略性指导纲领。

（三）地方层面的可持续土地管理战略规划

第三层次——地方层面的可持续土地管理战略规划包括各地级行政区、县级行政区的发展战略规划和乡镇及下辖村的空间发展建设规划。各地级行政区和县级行政区的规划范围仅限于各自主城区，若有下辖乡镇，可由乡镇自行编制其空间发展规划，或经下辖乡镇允许由地级行政区和县级行政区一同编制。该层次的规划，不仅要根据省域规划对地方退化土地治理做出具体安排，同时要编制详细、可操作性强的实施性规划以予保障。该层次的规划最终形成的图集和文本等成果在经过审批之后，即具有法律效力。

三、以多元共治为特征的可持续土地管理体系

（一）提升政府行政管理效率

进一步简政放权，建立土地退化防治权力清单，公开权力运行流程。凡是市场机制能调节的经济活动一律取消审批，凡是由地方管理效率更高的审批事项一律下放。同时要以基本公共服务为导向，创新管理和监督方法，要加强取消下放事项的事后监督，提升可持续土地管理水平。推进土地退化防治主体管理和服务标准化和规范化，提升服务大局、服务基层的能力和水平。

（二）加强土地退化防治的社会组织建设

发展壮大涉及土地退化防治的社会组织，特别是鼓励发展各类专业性土地管

理社会组织。加快推进强化各类社会组织的民办性质，减少政府行政干预，规范运行形式与行政机关脱钩，充分激发社会组织的活力。凡是能交给社会组织办理的事项应交给社会组织，充分发挥社会组织在土地退化防治中的特殊功能。

（三）完善基层土地退化防治机制

加快发展土地退化防治基层组织，探索允许财政项目直接投向各类土地退化防治基层组织。积极培育家庭林场等新型经营主体，鼓励新型经营主体参与土地退化防治，引导社会资本流向新型经营主体。鼓励村民委员会、城市居民委员会、小区业主委员会等基层组织关注土地退化问题治理，反映公众诉求，倡导绿色生活方式。政府要加强对基层组织的指导和培训，建立定期沟通协商制度。

四、以过程严管为要求的监督体系

（一）建立第三方监管制度

监管是保障制度秩序运行的有效机制。在土地管理中，涉及多方利益，如果没有完善的监管机制，管理活动就很难有序开展。因此，有必要引入第三方监管机制，以保障监管效果。本书认为，可持续土地管理第三方监管制度主要包含两个方面：一是监理机构监管。按照法定程序委托具有相应资质的监理机构对工程实施情况进行监理。监理机构在退化土地治理修复工程实施过程中，对各项技术要求的落实情况严格进行监理，促使治理工程按质按量如期完成。二是验收监管。委托具有相应资质的第三方机构对治理工程进行验收。从监管时间来看，验收监管是一种事后监管，而监理监管是一种全过程监管。

（二）建立健全土地资源监督制度

要以事权划分为基础，明确各级政府事权，加快形成产权明晰、权责统一的可持续土地管理体制。要完善监督体制，统一行使国土空间用途管制职责。林业主管部门负责管理的生态资源是我国陆地生态系统的主体，也是国家生态资源的主体。要统筹分散在自然资源、生态环境、农业、水利等部门的监督权，使其集中到林业部门，建立由林业部门统一监督的可持续土地监督机制。同时，从政策目标、考核指标和政策影响三个方面对不同土地退化类型进行监督，同时结合地区环境与发展目标，构建差别化的治理制度与政策评估监督机制。

（三）健全治理监测评价制度

实行定期监测、评估与发布制度，开展土地退化、荒漠化和沙化监测，依托国家宏观监测体系，结合地方监测、定位监测、专项监测等手段，逐步实现定期清查与年度监测相衔接、国家监测与地方监测相协调、抽样调查与区划调查相结合的一体化监测体系，全面掌握土地退化情况，科学评估资源变化、生态状况、功能效益和治理成效，实时发布监测成果。要健全动态监测制度，通过开展土地退化年度变化调查，依据遥感影像，结合实地调查，及时将土地退化情况更新到各地数据库中，逐步建立省、市、县联动的土地退化动态监测体系，把监测监督落到实处。

第四节 可持续土地管理政策体系

一、建立差异化多元化生态补偿政策

生态补偿机制涉及公共管理的各个层面和领域，关系复杂，头绪繁多。政策保障是影响生态补偿机制建立的关键，生态补偿实质上涉及资金再分配和财政再分配问题，有可能影响既得利益者的利益，没有坚强政策作为后盾，具体实践工作很难实现。但迄今为止，国家还没有一套严密的、可操作的具体办法出台（杨巧红等，2005）。因此，在土地退化地区应尽快建立和完善生态效益补偿制度。

一是完善土地退化防治生态补偿标准。根据生态区位、资源状况、保护难度等，实行森林、湿地、沙区封禁等差别化补偿机制，探索建立与国家财力增长、工资物价水平、生态服务价值等相挂钩的动态补偿机制，研究探索荒漠生态补偿和防沙治沙奖补制度。

二是完善重点生态功能区转移支付政策。严格落实自然保护区、森林公园等国家禁止开发区转移支付资金，加大转移支付资金支持土地退化防治与修复的力度。在生态区位极为重要区域，探索政府赎买（租赁）非国有林地、湿地、水源地试点，建立永久性保护区域。

三是制定关于延续生态补偿政策的政策，以确保土地退化防治工程的连续性和稳定性。例如，退耕还林八年期满后的政策接续问题，直接关系到退耕还林政策的执行效果。

四是探讨建立独立的退化土地治理补助与补偿基金的可能性，或在现有森林等自然资源生态效益补助金的基础上，扩大资金来源，使其能够用于退化土地治理活动中的管护费、利益受影响者的补助费支出，以及对村级规划执行好的奖励支出。该基金也可用于村集体和农牧民，需考虑使用沙化土地农牧民承担治理责任时增加的治理成本，以合适的方式承担一部分治理费用。

二、建立稳定民心的普惠性土地政策

针对各省（自治区）土地退化实际，制定土地优惠政策。有计划、有步骤地对坡耕地退耕还林还草，鼓励利用宜林宜草荒山荒地造林种草，实行谁退耕、谁造林、谁种草、谁经营、谁拥有的土地政策，优化使用权和林草所有权。

一是利用国有荒山、荒地等未利用地依法出让给单位和个人进行造林、种草等生态环境建设，减免土地出让金，实行土地使用权期限不变。在符合生态环境建设条件基础上，对达到转让合同约定的投资金额的土地使用权可以依法转让、出租、抵押，土地使用权期限届满后，可以申请续期。利用农村集体所有荒山、荒地等未利用地进行造林种草等生态建设的林农，可以通过承包、租赁、拍卖等方式取得土地使用权，实行土地使用权50年不变，土地使用权可以继承、转让、抵押。

二是土地第二轮承包完成后，农田已基本承包到户，但有些地方草场承包和林地承包还没有完成。在存在土地退化问题的地方稳定土地使用权和草权、林权，鼓励农牧民长期管理土地和林草，加强土地治理投入。在存在退化土地问题的地方，基于非自愿转让的前提下，探索强制性固定土地使用权并延长土地使用权到90年，并准许转让、继承和续包等。但在转让的条件下，应强制性地在受让协议中加入相关的防治土地退化条款。未利用地（四荒地）尚未确定集体或国有所有权的地方应按照相关法规的规定确定权属。已确定所有权的情况下，应明确管理者或使用者（冉东亚，2005）。

三、建立保持投入稳定增长的财政政策

财政政策是政府实行宏观调控的具体手段之一。当前土地退化防治资金安排和使用方式的不合理，进一步加剧了因自身治理能力不足的贫困地区的财政投入资金使用难度，而这些贫困地区正是治理需求最为迫切的地区。为此，本研究建议加快建立保持投入稳定增长的财政政策。

一是增加投资总量、提高投资标准、扩大投资范围。对有利于土地退化防治的行动或项目国家提供资助，建立国家财政投入为主、企业投入为辅的土地退化防治投入体系。拓宽投融资渠道，整合使用中央和地方财政资金，适时开辟土地

退化防治领域投资专项渠道，加强对社区土地退化防治的投入。

二是加强对财政投入支出效益、影响的研究。目前，国内项目缺乏真正的监测与评估体系，重点加强支出对环境、贫困等影响研究。加强项目周期的过程管理，包括立项、计划、实施、监测与评估等。探索将一定的竞争机制引入项目的过程管理中。在项目投资中考虑监测与评估方面的资金需求。

三是加强制度创新与能力建设方面的投入。回顾造成土地退化的原因，经常被忽视的是制度方面的原因，如过度放牧背后的权属问题、资源退化背后的价格问题，解决这些问题所需的实际投入并不很大，但所起的效果是事半功倍的。本书建议启动一批以制度创新为主的示范项目。

四、积极引入社会资本的融资税收政策

随着土地退化问题覆盖领域的扩大，环境危机加剧，需要投资的资金规模急剧增加，财政已难以继续承担更多生态公共物品供给，急需拓宽投融资渠道，增加资本参与供给。

一是优化金融扶持政策，探索建立土地退化防治融资平台和机制。放宽农村金融市场准入条件，实现农村民间金融组织和融资活动合法化。建立面向土地退化防治的中长期低息贷款制度，面向林农、牧民和合作组织的小额贷款制度以及面向中小企业的贷款扶持政策。

二是发展绿色PPP融资。储备启动一批土地退化防治PPP项目，对融资中涉及的政府付费、运营补贴纳入财政预算，形成预算保障机制。鼓励政府通过投资参股的方式参与到为区域土地退化防治PPP模式融资项目设立的公司运营中。推广和支持区域土地退化防治PPP项目基金，并以此为基础构建绿色金融创新体系。建立健全绿色PPP项目融资税收激励政策体系。

三是完善税收扶持政策。对森林等自然资源产品（原木、木质产品、加工剩余物等）回收利用和综合利用实行税收优惠政策。按照"谁污染，谁买单"原则，对环境不达标的生产经营主体征收高额税收，对高耗能、高污染、资源利用率低的林业企业实施惩罚性税收，逐步建立激励和约束并重的税收机制。对直接用于采摘、观光、饲养的生态休闲类林地，免征土地所得税。

四是推进资源税归地方。将资源税改革及其他相关财政措施率先在土地退化防治领域探索实施。资金被用于国家和省级政府（合作或者配套）共同确定的土地退化防治优先项目，应与省级生态建设战略相一致（包括就业机会创造以及劳动力素质培训等）。对有利于土地退化防治的经营行为给予税收优惠。

五、建立协同高效的工程管理政策

目前，我国重大生态工程的实施多采用多部门管理、县（乡）政府统一实施的方法，这充分调动了各部门开展生态建设的积极性，加快了生态建设的步伐。但土地退化防治是一项宏大的系统工程，涉及领域多、涵盖面广，在工程实施过程中，各部门受自身权力职能的限制，难以跨区域、跨工程从整体上把握土地退化防治，各部门间又缺乏沟通配合机制，由此引发一系列问题。

生态工程与资金整合涉及部门间、工程间、区域间多层面、多结合点的协调与配合，根据整合角度的不同，本书建议建立统一领导与部门分工相结合的管理体制，推动生态工程与资金的整合，实现土地退化防治由问题导向转为功能导向、由纵向管理转为系统监管，探索推进土地退化防治工程实施项目化管理。

一是从国家层面整体把握土地退化防治生态工程。充分考虑相邻与相关功能区生态工程间的相互影响，考虑大尺度生态功能定位，打破行政区限制，开展跨区生态工程项目，建立信息共享平台，使得西部生态工程更具系统性和整体性。

二是从地区层面推动职能整合。根据土地退化防治生态工程实施过程中的具体需要选择职能，推选负责人，由负责人将任务分解到相关部门职能范围，组建生态工程协作小组，多角度论证，并制定优化方案，建立工程实施任务分工、资金分配以及绩效评估机制。鼓励地方在实施现有国家重大生态修复工程的基础上，积极谋划启动一批新的地方性工程，形成中央与地方联动的生态治理格局。

三是推动工程资金整合。在总结试点经验的基础上，坚持"山水林田湖是一个生命共同体"的理念，充分集成整合资金和政策，全面推进山水林田湖草生态保护与修复工程。在京津冀、秦岭、祁连山、吕梁山等地区探索实施一批综合生态工程，促进退化土地的整体治理。

六、建立聚焦薄弱治理环节的科技政策

科学技术是促进土地退化防治的关键驱动力，是制度与政策机制构建的重要支撑与保障，强化土地退化防治政策评估与科技支撑意义重大。

一是开展西部土地退化防治与生态保护的专项研究。深化科技体制改革，建立跨部门的土地退化防治科技协调机制，建立开放、多要素聚集的科学研究和科技推广平台，加快科研试验示范基地建设，加强国内外的科研合作。以科研和生产紧密结合为突破口，健全市场驱动的科技成果转化机制，提高科技成果贡献率，加快科技成果的应用。

二是重视乡土知识，创新治理新技术。西部群众拥有丰富的自然资源可持续管理的传统知识，包括土地退化防治，这些财富是人民长期生产实践的结果，具有重要的意义。要以"典型示范、辐射带动、全面推进"作为科技创新推广的基本方式，将传统治理知识与先进技术相结合，多层次示范推广最新治理成果。

三是加强科技服务能力。以社会需求为导向，推进市场标准制修订进度，积极探索森林康养、农林碳汇、林业生物等涉及退化土地治理的产业新业态技术标准体系，优化林业标准体系结构，完善林业标准体系。实施人才储备和高层次人才培养计划，激励人才向基层流动，提升基层科技自主创新能力。

七、建立规范化民主化的公众参与政策

近年来，土地问题引发的群体性事件增多，政府缺乏公信力，公众参与成为土地退化防治的薄弱环节。提供一个结构化的公众依法、有序参与决策的机制，将有助于推动土地退化防治，增加社会和谐公平，提高政策的成果和实施，加快形成规范化、程序化、民主化的土地退化防治新格局。

一是培养公众参与意识和参与素质。加强媒体宣传和信息沟通，为公众提供真实有效的土地退化防治信息，增强公众参与土地退化防治意识，合理引导和鼓励公众参与治理。通过参观教育、公益宣传、举办科普论坛等方式，提升公众参与素质，构建公众意见的收集和反馈渠道，为公众参与决策和过程实施提供便利，提高公众参与的积极性，提升公众的参与能力。推动村民树立尊重自然、顺应自然、保护自然的生态文明理念，培育人与自然和谐共生的生态文化，营造良好社会氛围。

二是建立和完善土地退化防治公众参与机制。西部有关省（自治区）可根据国家的法律法规制度，建立有关公众参与方法和具体程序的法律法规体系。贫困、落后的生产方式是造成土地退化的最为重要也是最为广泛的因素，公众参与机制的建立需以节约成本、提高效率、增强自我发展能力为基础，同时构建更为审慎的参与决策程序，提出适合西部省情和土地退化防治特点的公众参与方法与手段。

三是构建开放多元的土地退化防治公众参与模式。转变政府官员、技术专家工作作风和行为态度，充分尊重农民的生产经营自主权、财产所有权，尊重农民的民主权利。注重同农民协商办事方式方法，多用说服的方法、示范的方法、服务的方法推动治理工作。建立健全回应机制，对公众的需求应密切关注，对公众的呼声积极回应，促进土地退化防治决策的科学化、民主化和规范化。

四是建立公众参与的利益驱动。探索利用财政资金与投融资民间资本，设置土地退化防治公众参与专项基金，建立市场与公众双向互动的参与方式，定期开

展对话、沟通、协商，保证参与场所、设备和工作经费，加强参与主体与决策主体的交流，激发民间力量参与土地退化防治的积极性和创造性。开展以环境教育、区域自治、行为规范为重点的可持续土地管理系列创建活动，评选土地退化防治先锋人物，对为治理工作做出贡献的各界人士予以表彰，倡导全社会形成参与土地退化防治新风尚，使公众参与更具广泛性和群众性。

参 考 文 献

崔向慧, 卢琦, 褚建民. 2012. 加拿大土地退化防治政策和措施及其对我国的启示. 世界林业研究, 25（1）: 64-68.
崔宗培. 2006. 中国水利百科全书（第2版）. 北京: 中国水利水电出版社.
董嫚嫚. 2012. 新制度经济学的主要观点研究综述. 赤峰学院学报（自然科学版）, 28（2）: 34-35.
杜晓利. 2013. 富有生命力的文献研究法. 上海教育科研, (10): 1.
高照良, 李永红, 徐佳, 等. 2009. 黄土高原水土流失治理进展及其对策. 科技和产业, 9（10）: 1-12.
格日乐, 姚云峰. 1998. 土地退化防治综述. 内蒙古林学院学报, 20（2）: 47-52.
郭金玉, 张忠彬, 孙庆云. 2008. 层次分析法的研究与应用. 中国安全科学学报, 18(5): 148-153.
韩斌, 邹晓明, 付永能, 等. 2004. 山地社区土地资源可持续管理评估. 生态学报, 24（12）: 2915-2919.
韩晓军, 韩永荣. 2012. 青海省土地退化的防治对策. 城市与减灾, （2）: 4-6.
胡利娟. 2015-8-27. 全球环境基金关注可持续土地管理. 科技日报, 第十二版.
胡世明. 2010. 中国水土流失治理的成就及其效益分析. 水利经济, (1): 19-23.
江泽慧. 2011. 土地退化防治政策与管理实践. 北京: 中国林业出版社.
孔荣. 2008. 西部地区生态建设的环境政策体系研究. 农业环境与发展, 25（5）: 1-4.
赖庆奎. 2005. 社区林业. 云南: 云南科技出版社.
李秀彬, 郝海广, 冉圣宏, 等. 2010. 中国生态保护和建设的机制转型及科技需求. 生态学报, 30（12）: 3340-3345.
李艳辉. 2014. 关于可持续土地管理的思考. 科技展望, (24): 65.
李英勤. 2006. 贵州土地石漠化与"三农"问题的经济学分析. 生态经济, (2): 57-59.
李周, 柯水发, 刘勇, 等. 2014. 中国西部土地退化防治成效及经验借鉴——以中国-全球环境基金干旱生态系统土地退化防治伙伴关系项目为例. 北京林业大学学报（社会科学版）, 13（1）: 71-76.
林光辉. 1999. 美国荒漠化研究与防治策略. 中国农业科技导报, (3): 122.
刘辉. 2001. 以色列防治荒漠化的措施. 全球科技经济瞭望, (12): 43-45.
刘纪远, 徐新良, 邵全琴. 2008. 近30年来青海三江源地区草地退化的时空特征. 地理学报, 63（4）: 364-376.
刘晨孚. 2017. 浅谈实现可持续土地管理的战略. 科技创新与应用, (5): 163.
刘燕, 李育江, 廖允成, 等. 2008. 西部地区生态环境资金补偿方式. 西北林学院学报, 23（3）:

201-203.

鲁胜力. 2002. 日本的砂防法制、机构及保障体系建设. 水土保持应用技术,（1）：1-4.

路晓霞. 2014. 加强土地资源可持续管理的思考. 资源节约与环保,（11）：141.

蒙琳, 王静, 许捍卫. 2005. 基于 MapObject 的县级可持续土地管理评价信息系统. 现代测绘, 28（1）：40-42.

牛文元. 2012. 可持续发展理论的内涵认知——纪念联合国里约环发大会20周年. 中国人口·资源与环境, 22（5）：9-14.

庞之浩, 安嘉欣. 1997. 印度遥感卫星发展启示录. 国际太空,（8）：8-13.

彭光细. 2014. 新制度经济学入门. 北京：经济日报出版社.

冉东亚. 2005. 综合生态系统管理理论与实践. 北京：中国林业科学研究院博士学位论文.

史培军, 张宏, 王平, 等. 2000. 我国沙区防沙治沙的区域模式. 自然灾害学报, 9（3）：1-7.

宋丽弘, 刘大炜. 2017. 浅析国外治沙法对我国的启示. 内蒙古民族大学学报（社会科学版）, 43（3）：113-118.

孙嘉岑, 那岩. 2015. 加强可持续土地管理的思考. 黑龙江科技信息,（10）：290.

孙妍. 2009. 成就与危机：大开发以来的西部生态变迁. 今日中国论坛,（1）：69-72.

孙志燕, 高世楫. 2007-11-26. 环境政策存在的若干问题及调整思路. 学习时报, 第四版.

唐华俊, 陈佑启, 伊·范朗斯特. 2000. 中国土地资源可持续利用的理论与实践. 北京：中国农业科技出版社.

王灿发. 2009. 中国干旱地区土地退化防治政策与立法研究. 北京：法律出版社.

王洪芹, 陈岩. 2015. 刍议如何加强可持续土地管理. 科技创新与应用,（24）：167.

王莉, 陈浮. 2011. 区域土地可持续管理评价与对比差异研究. 安徽农业科学, 39（11）：6782-6783, 6786.

王良健, 陈浮, 包浩生. 1999. 区域土地资源可持续管理评估研究——以广西梧州市为例. 自然资源学报, 14（3）：9-14.

王闰平, 陈凯. 2006. 中国退耕还林还草现状及问题分析. 中国农学通报, 22（2）：404-409.

王涛, 赵哈林. 2005. 中国沙漠科学的五十年. 中国沙漠, 25（2）：3-23.

吾蔓尔·热介浦. 2006. 挑战土地退化——GEFOP12 澳大利亚土地退化防治考察报告. 新疆财会,（5）：32-34.

谢和生, 何友均, 叶兵, 等. 2013. 中国土地退化防治伙伴关系10年与国外经验借鉴. 中国水土保持,（11）：5-8.

徐伟华. 2015. 加强可持续土地管理的思考. 中国管理信息化, 18（7）：150-151.

许树柏. 1988. 实用决策方法：层次分析法原理. 天津：天津大学出版社.

雪邱秋. 2005. 制度变迁与环境行政手段的变革. 湖北经济学院学报,（3）：116-120.

杨巧红, 吴赤蓬, 王声湧. 2005. 我国火灾情况的有序样品聚类分析. 中国公共卫生, 21（5）：

参 考 文 献

574-575.

张凤荣. 1996. 持续土地利用管理的理论与实践. 北京：北京大学出版社.

张巍. 2013. 加强可持续土地管理的思考. 产业与科技论坛, 12（16）：219-220.

张绪良. 2000. 中国西部地区土地退化的现状及对策. 青岛大学师范学院学报, 17（2）：67-68.

赵静, 但琦, 严尚安, 等. 2014. 数学建模与数学实验（第4版）. 北京：高等教育出版社.

赵树丛. 2014-12-19. 在生态文明体制改革中加快建设有中国特色的林业制度. 中国绿色时报, 第一版.

赵晓迪, 李忠魁. 2015. 澳大利亚土地退化管理及对我国的启示. 水土保持应用技术,（5）：38-41.

中国-全球环境基金干旱生态系统土地退化防治伙伴关系, 中国-全球干旱地区土地退化评估项目. 2008. 中国干旱地区土地退化防治最佳实践. 北京：中国林业出版社.

中国-全球环境基金干旱生态系统土地退化防治伙伴关系. 2013. 中国干旱地区土地退化防治最佳实践II. 北京：中国林业出版社.

周开庆. 1943. 西北剪影. 上海：中西书局.

朱永杰. 2016. 斯大林改造大自然工程回顾. 北京林业大学学报（社会科学版）, 15（2）：12-15.

朱震达, 吴焕忠, 崔书红. 1996. 中国土地荒漠化/土地退化的防治与环境保护. 农村生态环境,（3）：1-6.

Babalola D A, Olayemi J. 2014. 尼日利亚土地可持续管理实践. 孙继民译自：Journal of Land and Rural Studies2,（2）：233-247.

Hannam I. 2008. 中国-全球环境基金干旱生态系统土地退化防治伙伴关系能力建设项目的法律和政策成果在国际上的应用. 北京：综合生态系统管理理论与实践国际研讨会.

Asian Development Bank. 2004. Project Development Facility Block B（DF-B）proposal to the Global Environment Facility for the Central Asian Countries Initiative for Land Management. Manila：Asian Development Bank,（12）：3-18.

Cornforth I C. 1999. Selecting indicators for assessing sustainable land management. Journal of Environmental Management, 56：173-179.

Dumanski J. 1997. Criteria and indicators for land quality and sustainable land management. ITC Journal,（3/4）：216-222.

Food and Agriculture Organization of the United Nations（FAO）. 1971. Land degradation. Soil bulletin13. Rome：FAO：1-10.

Grimble R, Wellard K. 1997. Stakeholder met hodologies in natural resource management：a review of principles, contexts, experiences and opportunities. Agricultural System, 55（2）：173-193.

He C, Han Q, Veris B D, et al. 2017. Evaluation of sustainable land management in urban area: a case study of Shanghai, China. Ecological Indicators, 80：106-113.

Hemmati M. 2002. Multi-stakeholder Processes for Governance and Sustainability. London：

Earthscan Publication.

Hurni H. 1997. Concepts of sustainable land management. ITC Journal, (3/4): 210-215.

Hurni H. 2000. Assessing sustainable land management (SLM). Agriculture Ecosystems and Environment, 81: 83-92.

Jiggins J, Collins K. 2004. Stakeholders and stakeholding in social learning for integrated catchments management and sustainable use of water: Social Learning for the Integrated Management (SLIM). Thematic paper no. 3. 29.

McClure B C. 1998. Policies related to combating desertification in the United States of America, Land Degradation and Development, (9): 383-392.

Millennium Ecosystem Assessment M E. 2005. Ecosystems and Human Well-Being: Desertification Synthesis. Washington D. C.: World Resource Institute.

Motavalli P, Nelson K, Udawatta R, et al. 2013. Global achievements in sustainable land management. International Soil and Water Conservation Research, 1: 1-10.

Rdb L, Bechstedt H D, Rais M. 2000. Indicators for sustainable land management based on farmer surveys in Vietnam, Indonesia, and Thailand. Agriculture Ecosystems and Environment, 81: 137-146.

Reed M S, Buenemann M, Atlhopeng J, et al. 2011. Cross-scale monitoring and assessment of land degradation and sustainable land management: a methodological framework for knowledge management. Land Degradation and Development, 22: 261-271.

Schwilch G, Bestelmeyer B, Bunning S, et al. 2011. Experiences in monitoring and assessment of sustainable land management. Land Degradation and Development, 22: 214-225.

Schwilch G, Liniger H P, Hurni H. 2014. Sustainable land management (SLM) practices in drylands: how do they address desertification threats? Environmental Management, 54: 983-1004.

Seppelt R, Dormann C F, Eppink F V, et al. 2011. A quantitative review of ecosystem service studies: approaches, shortcomings and the road ahead. Journal of Applied Ecology, 48: 630-636.

Smyth A J, Dumanski J. 1993. FELSM: an international framework for evaluating sustainable land management. Roma: FAO.

WCED. 1987. Our Common Future. Oxford: Oxford University Press.

Weiland U, Kindler A, Banzhaf E, et al. 2011. Indicators for sustainable land use management in Santiago de Chile. Ecological Indicators, 11: 1074-1083.

WOCAT. 2007. Where the land is greener: case studies and analysis of soil and water conservation initiatives worldwide. Wageningen: CTA; Roma: FAO; Nairobi: UNEP; Bern: CDE.

WOCAT. 2014. The WOCAT "International Strategy" for 2015-2018. WOCAT.

WOCAT. 2018. The global database on sustainable land management. WOCAT.

| 参 考 文 献 |

World Bank. 2006. Sustainable Land Management-Challenges, Opportunities and Trade-Offs. Washington D. C. : The International Bank for Reconstruction and Development and the World Bank.

Wu J Y, Yu J F. 2008. Best Practices for Land Degradation Control in Dryland Areas of China. Beijing: China Forestry Publishing House.